叮噹哥——著

全方位投資系統

序

　　叮噹哥從大學畢業（2005 年）第一次接觸股票市場以來，至 2024 年投資生涯已經接近 20 年，當中包含 15 年買方（投信、壽險）及賣方（投顧、證券）行業經驗，這也是人生中最精華的青春歲月。想起還沒有入行的時候，叮噹哥也是一棵新鮮的韭菜，以為初生之犢不畏虎的勇氣再加上幾根 K 線就是投資的全部，一路跌跌撞撞嘗試過各種方法，但真正形成現在的投資系統與框架，卻是在入行後經過長期的訓練與反思，逐步建立、不斷修正而來。在買方與賣方的研究經驗也讓叮噹哥習慣用不同的角度看事情，往往發現不同結論與觀點。

　　投資是否容易？如何從宏觀角度決定資產戰略配置，透過行業研究化繁為簡、找出關鍵指標，以及從公司財報中驗證競爭優勢、發現細節，這些都需要時間與經驗的積累。因此，投資本身並不是一件簡單的事。

　　一個人成長最快的時候，往往是在艱難的環境中。盡可能多讀歷史，就可以少踩市場的坑。最終，很多事情的發生只是歷史一再重演，當你知道流行病、戰爭在歷史上如何影響股市，就能在新冠疫情劇烈蔓延、恐慌拋售的時候，保持情緒穩定與理性，至少做到不跟隨市場起舞，甚至，試著勇敢地加碼。

　　本書希望給讀者一個比較完整的投資框架，內容從宏觀分析、行業研究、個股挑選，到一些重要投資觀念的建立。包含如何看待風險與心理偏誤。

　　從架構上主要分為三個部分，前四章著重於投資方法與架構的建立，第五章花了很大篇幅概述各行業投資邏輯及重要觀察指標，最後兩章分別論述如何正確看待風險與常見的投資心理偏誤。

你是哪一種投資人？有些人擅長自上而下的分析框架，從大局處著手，根據各個國家不同的經濟現況與變化，投資對應的國家或產業 ETF。比方說 2024 年將面臨升息終點的美國股市、價值重估的日本股市、經濟快速增長的印度股市，以及 AI 供應鏈重鎮的台灣股市；又或者從產業著手，投資全球 AI 浪潮下投資人工智能相關 ETF，或者身材焦慮下投資減肥藥帶來龐大商機。

另一類投資人則擅長自下而上的分析框架，透過不停地翻石頭、對公司深入研究，以股東思維逐步建立長期投資組合，透過長期持有分享公司經營利潤。

此外，無論是哪一類投資人，都應該培養逆向思維的能力和安全邊際的概念，逆向思維是獨立思考的一部分，儘管市場大多數時候總是對的，只有當小概率事件發生時，逆向思維才能發揮作用，但正是這些小概率的事件，足以摧毀看似健康的投資組合；安全邊際則是班傑明・葛拉漢提出的重要概念，投資人需要為可能發生的錯誤預留空間，也就是台灣人常說的「凡事不要太鐵齒」，投資中高估值的股票通常隱含對未來更多的樂觀預期，容錯的空間很低，一旦當期業績不能持續超預期，股價往往以慘跌收場。

第二章和第三章分別闡述自上而下以及自下而上的架構方式。自上而下著重於對周期位置的判斷，在各種周期中，人性周期、經濟周期、信用周期最為重要。

人性周期相對容易掌握，只要看看周圍人群的行為就可以知道（擦鞋童理論），多數人是戒慎恐懼、還是害怕錯過？幾年前的航運股大行情，叮噹哥就常常在用餐時候聽到鄰桌熱烈討論，這種害怕錯過的情緒是人性周期典型指標，市場情緒大多時候在樂觀與悲觀中擺動，投資人只須關注情緒端點位置，越靠近通常可利用性越高。

經濟周期包含復甦、繁榮、衰退、蕭條四部分，再加上利率環境的變化，就形成著名的美林時鐘，投資人可以根據周期所在象限配置對應資產，比如2024年美國處在軟著陸階段，而通膨已經顯著降低，相當於美林時鐘的復甦象限，成長型股票表現就會相對較好。

信用周期從銀行的角度描述信貸與資金面波動對市場的影響，這個周期通常會加大經濟周期的波動性，並隱含著巨大的社會成本，因此格外重要。

自下而上則看重行業與公司的基本面研究，為什麼像 META、亞馬遜、Google 這些互聯網平台公司總是能穩定的產生大量現金利潤，而汽車、原物料行業卻常常在賺錢與虧錢中苦苦掙扎？了解每個行業的經濟屬性和進入門檻非常重要，投資中有錢也辦不了的事通常門檻都比較高，進入門檻造成的供給端稀缺特性，是行業投資中非常重要的概念，比如機場、交易所；除此之外，對於如何選出理想標的，叮噹哥常用的投資檢查表，可以幫助讀者快速地縮小投資標的池，化繁為簡之後再針對有限的標的進行深入研究。投資人需要確認公司是否具備某種競爭優勢（品牌溢價、專利保護、牌照門檻、網路效應、轉換成本、規模優勢），了解競爭優勢形成的原因、是否能夠維持。

第四章提供讀者投資組合的初步思路，根據成長速度與價值來源可以將多數股票分類為穩定成長股、快速成長股、高股息股、周期股、轉機股、資產股等六大類。穩定成長股看重估值、快速成長股重視營收增長動能、高股息股重視股息的可持續性、周期股需要留意庫存變化、轉機股需研究轉機題材及債務水準、資產股強調物有所值。投資人可以依據資產組合波動承受程度，來調整各種資產組合配置，比如年輕人更看重投資組合增值速度，可以提高快速成長股比重；退休族更強調保本穩定，可以提升高股息、資產股配置比重。

從賺錢容易的行業中選擇投資標的事半功倍，但是首先需要對行業邏輯有初步的瞭解與概念。第五章花了大量篇幅介紹金融、消費、電子、醫藥、工業、原物料等 6 個投資常見的行業，描述行業的經濟特性以及重要的觀察指標，並且皆有個股作為範例。這個章節彙整了叮噹哥多年行業研究的心得與經驗，希望能幫助投資朋友快速建立行業邏輯與研究方法，也是市場上少見著墨於行業分析的投資書籍。

本書的第三部分，第六章節主要介紹投資風險，風險的定義指的是本金永久性損失，而不是股價波動。從股市的角度看，當市場恐慌下跌的時候，感受的風險（價格波動）很大，真實的風險（資產永久性損失）卻在下降，因此，真正賺大錢往往是在市場大幅下跌、恐慌拋售之後反彈的前兩年，對市場風險的了解有助於減少成為市場恐慌下的強制性賣方。

對於個股而言，儘管估值是安全邊際重要來源，但真正的風險在於高估值成長股能否持續超預期增長（成長陷阱）？而低估值股票的價值會不會每下愈況，以至於估值越來越貴（價值陷阱）？

一個損失 30％的投資組合，需要上漲接近 50％才能彌補損失；一個損失 50％的投資組合，則需要漲 100％ 才能回本。因此，對於叮噹哥而言，投資風險的重視程度至少與上漲的潛力相當，唯有在確保本金安全的情況下，資產的增值才有意義。

除此之外，投資朋友還須謹慎使用槓桿（融資、期權工具），槓桿本身不會影響投資決策，只會放大決策的正確跟錯誤。

最後，第七章投資心理學說的是人性偏誤，投資很多時候都是需要對抗人性，人類經過長期演化形成的風險趨避傾向以及群眾效應，是導致在市場恐慌下跌時候，跟隨大眾不計成本地奪路而逃的重要原因。而真正克服情緒、

勇於在低檔建倉的投資人則需要第二層次思考及勇氣，這將構成本書最後的章節。

在一次的因緣際會中，有幸能將投資生涯的知識與經驗積累，做有系統的整理，希望提供一個完整的投資框架，對準備踏入投資界的朋友能有幫助，也希望能與投資領域中的前輩們有一些共鳴。感謝台灣廣廈有聲圖書的邀稿，讓我有機會整理過去的片段投資筆記，包含一些靈感與犯錯紀錄，能夠對這十幾年來的投資經驗與心得做一個梳理，是很有意義也很酷的事。感謝這一路走來投資界朋友的支持，以及 Joya Yu、源楷、Henry Wang、Irene Yu、Eric Lin 為本書的校稿提供寶貴的意見，也感謝家人的陪伴。

投資如同生活，希望這本書對於讀者在投資的道路上有所助益。

目錄

第一章
寫在投資之前

我見過的大多數投資人都屬於趨勢投資者（由上而下），主要的交易靈感來自外在的刺激，因為發生了何事，所以採取什麼行動，並在結果兌現時清倉，等待下一次交易的機會。少數的投資人偏向於價值導向（由下而上），他們關心標的長期價值，對於價值有主觀的看法，尋找能夠長期增值的標的，並等待合適的價格買入，然後長期持有。儘管這兩類投資者基本思維框架不同，但有一點是共通的，就是具備逆向思維與安全邊際的觀念。

❶ 你是哪一種投資人？

你在投資時會問的問題，大概決定了你是哪一類思維的投資人。自上而下與自下而上的差異主要來自於思維模式。前者依據未來可能發生的情況調整投資組合，以求在環境變化中取得有利位置；後者更關注於價值與價格之間的關係，以及價值的可持續性，藉由價值與價格差距的弭合過程中獲利。

▪ 趨勢型投資人：自上而下的思維模式

趨勢型投資人在做投資決策的時候，通常採用自上而下的投資策略，依據目前市場情況對接下來的變化進行預測，最終形成買賣決策。常見的問題是：「接下來會發生什麼事？」其思維模式類似「因為……，所以……」，比方說，因為烏俄戰爭導致俄羅斯原油出口遭受制裁，俄羅斯做為原油出產大國，將導致市場供給減少，所以在戰事未結束（供給減少）、經濟仍然熱絡（需求增加）時，預計油價將維持高檔，甚至更高。

此類投資者更強調順勢而為，依照外在環境條件決定大類資產配置（股票、債券、黃金、現金、商品、外匯等）方向，再來決定要投資什麼標的，標的可以是國家、產業或個股；而主要國家及產業都有對應的指數 ETF，可以最大程度代表所投資領域的整體表現。這類投資人習慣從大處著手，講求大局觀。

　　有一點很重要，每當我們對一個事件做出反應時，必須要了解背後支撐的邏輯是什麼，並試著找出影響事件的關鍵因子。什麼原因導致什麼結果，能夠解決原因的變量就是關鍵因子，舉幾個例子說明。

　　2020 年新冠疫情發生時，美股快速重挫，市場擔心疫情快速擴散，當時美國總統川普承認經濟活動可能放緩或走向衰退，悲觀預期加大市場恐慌情緒，終於導致股市出現連續崩跌，美國股市在 3/9、3/12、3/16、3/18 短短兩周內出現 4 次下跌熔斷，而後在美國政府隔離令及聯準會釋放流動性之下，標普 500 指數最終於 3/23 觸底反轉。

　　整個事件來看，股市下跌主要原因在於病毒加速擴散及經濟衝擊預期的大幅上升。因此，關鍵因子在於如何讓疫情停止加速擴散，及減緩經濟衝擊影響。對比於川普在疫情初期的輕忽態度，3/16 終於發布了針對嚴重特殊傳染性肺炎新的指導方針，敦促避免 10 人以上的社交聚集活動，並且限制自由旅行，美國各地也先後加強對於社交聚會場合的限制措施，減緩人員流動，也減緩了病毒傳播速度。

　　而美國聯準會則於 3/15 宣布調降基準利率至 0% 至 0.25%，並於 3/26 參議院通過經濟刺激計畫法案，對於個人年收入低於 7.5 萬美元及家庭年收入低於 15 萬美元者，給予財政補助。這些有效應對疫情的措施推出後，其時間點也對應著股市相對低點。

標普 500 指數 2020/2/1 ～ 2020/4/30 走勢

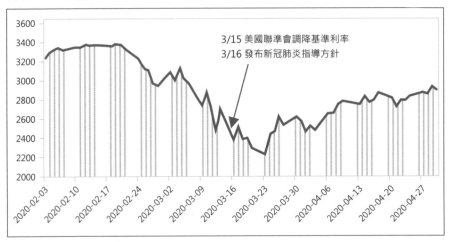

3/15 美國聯準會調降基準利率
3/16 發布新冠肺炎指導方針

資料來源：WIND

　　再看另一個例子，2022 年美元強勢，美元指數上升至歷史高點，此次高通膨主要反映商品市場供不應求，一方面是供給受到疫後供應鏈混亂、烏俄戰爭影響導致短缺；一方面是疫情後大家降低了服務需求，轉而增加商品消費，導致商品需求走強，一來一往擴大供需缺口。而美國聯準會面對高通膨問題選擇有限，其職能無法解決結構性供給短缺問題，只能透過升息、縮表來抑制需求成長，使需求下降來緩和供需缺口。

　　對於聯準會來說，一方面長期低利率使其有較大的升息空間，一方面前期誤判通膨為短期現象，使之有加速升息的壓力。預計 2022 年聯準會可能升息 15 ～ 16 碼，對比之下歐洲同時期升息 5 碼、日本不升息、中國人行調降貸款利率，這導致 2022 年美國與其他主要經濟體息差加速擴大。加上相對占優的經濟基本面，進一步吸引大量資金回流美國，構成美元走強背後的支撐邏輯。

因此，未來須觀察美國與其他國家息差是否開始收斂，配合海外市場基本面開始復甦，就可能促使資金重新流回海外市場，美元開始走弱。

最後，再探討 2022 年初美股再次大幅回檔的原因。由於通膨居高不下，市場擔心將促使聯準會加速升息腳步，可能導致經濟成長放緩（軟著陸）或出現衰退（硬著陸）。通膨居高不下是聯準會加速升息的原因，因此，只要通膨持續走強或維持高檔，將迫使聯準會持續升息、縮表抑制通膨，經濟及股市就會進一步承壓。

此外，由於美國公司多為跨國企業，企業獲利與全球景氣密切相關，因此，通膨預期的拐點、全球景氣的落底，可能是這次行情落底回升的重要觀察因素。

此類投資者須對宏觀環境有完整的框架，對於景氣因子變化及因子間的交互影響，須有完整思維。

• **價值型投資人：自下而上的思維模式**

價值型投資人在做投資決策的時候，採用的是自下而上的投資策略，宏觀環境的變化並不是那麼重要，更關心價格與價值的差距，因此最常問的問題是：這檔股票究竟值多少錢？此類投資者多半有自己喜愛的公司，比方說迪士尼、麥當勞、星巴克、VISA、台積電等。他們會深入研究公司的商業模式、財務報表，對於公司價值有清楚認知，等待好的價格買入。但選擇上也不僅僅局限於股票，也可能是某個產業或國家。

事實上，就是選出能夠穿越經濟周期持續創新高的股票，而合適價格會創造比平均更好的報酬率。因此，往往需要逆勢而為，唯有在逆境的時候，好公司才容易出現好的價格。在公司股價大幅低於價值

時持續買進，並在股價大幅高於價值時賣出，也就是巴菲特說的，「別人恐懼的時候我貪婪，別人貪婪的時候要恐懼。」

此類投資人的挑戰在於，須對所投資公司價值有清楚的概念，由於公司發展為動態的經營活動，因此合理價值應該是一個區間，而不是絕對值，但可以試著回答：如果要買下整家公司，我願意出多少錢買下它？當股價低於這個價格，就是大力買進的時候。

▪ 投資組合的建構兩者並用

對於投資組合的架構，並不是非 A 即 B，分開闡述趨勢型與價值型投資人思維，只是在告訴讀者，你的潛在投資思維比較偏向於哪一種類型。事實上，投資組合架構可以綜合自上而下和自下而上兩種方式，也可以採用單一種方式。

我習慣以自下而上的模式，設定合適的買入價格後長期持有，並輔以自上而下的配置，適時增加所處周期受惠的資產及行業配置，並在預期兌現時賣出。

此外，自下而上並不局限於股票，也有可能是產業或是國家 ETF，當一個投資組合中，出現標普 500 指數 ETF，可以是出於自上而下的原因，買進決策在於目前宏觀環境下相對其他資產具備優勢；也可以是自下而上的決策，認為整體美國市場估值及獲利能力，已經具備較好的長期潛在回報。

❷ 趨勢型與價值型投資人差異

當一個投資專案擺在眼前，趨勢型投資人看到 51% 的成功機率，思考這成功機率可以帶來多少潛在報酬；價值型投資人看到 49% 的機率會失敗，並關心這失敗的機率會帶來多少潛在損失。趨勢型投資人

將報酬擺在風險之前，要順勢而為才能夠抓住機會；價值型投資人將風險擺在報酬之前，要逆勢而為才能夠避免踏入風險。

▪ 你一定會做與不會做的事

趨勢型投資人更重視「一定會做的事」，習慣將機會擺在風險之前，出發點是如何求勝。趨勢型投資者依據對於未來的判斷與預測，進而做出有利可圖的決策，會問：這件事情影響的範圍有多大？影響的時間有多久？影響事情後續關鍵的因素是什麼？再決定後續動作。

比方說，烏俄戰爭爆發後，美歐制裁俄羅斯石油出口，此類投資人會估算因為制裁而導致供需缺口擴大的幅度，以俄羅斯每日約200萬桶的出口量，這個缺口是否能被潛在的供給所對沖？潛在的供給可能包含美國戰備儲油的重新釋放、伊朗核談判進展帶來石油出口恢復、美國頁岩油業者因利潤回升重新恢復生產、石油輸出國組織（OPEC）增產態度，以及俄羅斯石油轉而大量出口中國、印度等。

需求端是否因為高油價導致需求放緩，如石化產品下游需求可能因高油價而減緩，但交通需求較為剛性，影響幅度有限。其次缺口存在的時間，是短期因素還是長期結構性問題？若是短期因素，則交易風險較高，一般時機點較難掌握，若是長期因素，則確定性及勝率都較高。最後針對以上各因素動態的變化，判斷供需缺口變化的方向，決定做多或放空。

價值型投資人更重視「一定不會做的事」，習慣將風險擺在機會之前，核心的出發點是如何立於不敗。此類投資人力保本金安全，講求確定性，通常會有負面表列清單，但也會錯失很多有利可圖的機會。

如果以上述例子延伸，價值投資人應該要回答的是，保守估計下，長期油價最少應該值多少？如果以過去20年WTI原油期貨表現，大

致位於每桶 20 美元到 100 美元，也就是說，每桶 100 美元以上的油價在過去 20 年是特例，不是規律。除非投資人能回答，每桶 100 美元以上的油價是長期油價起點，並確保有足夠的安全邊際。

那價值投資人何時應該採取行動呢？2020 年新冠疫情爆發時，由於全球陸續採取社交隔離措施，導致原油需求大幅回落，帶動庫存走升、油價大跌，WTI 原油期貨在當年 3、4 月出現每桶 20 美元以下價格。這時投資人可以買入優質原油開發商股票，並且越跌越買，直到 WTI 原油期貨報價回到每桶 20 美元以上才停止買入，並在 WTI 原油期貨報價回到每桶 50 ～ 70 美元位置時考慮賣出。

價值投資人在買入時，不能確定未來油價何時回升、回升的理由，買入是因為油價已經低於保守估計價格。而且原油屬於大宗商品，不像公司經營一樣具備成長性，因此，買的是油價波動的規律，買的是均值回歸。

這裡需要說明的是，投資人須了解各種金融商品特性。期貨受到平倉壓力出現極端負值的情況，將會讓 2020 年 WTI 期貨報價低於 20 美元而買進期貨的投資人，面臨保證金追繳而陣亡。而 WTI 現貨價格在當月最低為每桶 6.5 美元，即使油商股價在當月也重挫，但股價也不會出現負值，這對於價值投資人來說非常重要。價值投資人重視本金安全，應該少用槓桿，比較好的方式，是以期貨報價為參考，以原油開發商股票為投資標的。

- 價值投資向左，趨勢投資向右

價值投資人傾向在股價低於價值某個百分比時開始買入，買入的依據是這家公司至少值多少錢。例如一家公司在保守估計下股價至少值 100 元，當股價跌至 80 元時，便開始逐步買入。買入過程中，股

價可能一路跌到 60 元，甚至 50 元，買入過程中出現帳面虧損是家常便飯。而這時候應該要做的，就是逢跌買入，越跌越買。但前提是，對公司價值的估計必須是正確的。透過向下買進的方式，最終在股價觸底反彈時，成本達到相對低點。

趨勢型投資人講求順勢而為，不與市場做對，奉行股價朝最小阻力線前進的準則。因此，當股價落底反彈或利空不跌時，此類投資人才會進場抄底，當第一筆投資出現損失時，一般不會再投入第二筆資金。屬於逢漲買入，越漲越買，買進過程在上漲的機率相對高時，買入過程中，成本逐步墊高。

理論上來說，左側逢低買入跟右側逢高加碼，兩者平均成本不會相差太多。但實務上，市場悲觀時，在股價下跌時往往伴隨大量賣盤，對於投資人來說有足夠的空間與時間買入；而一般當利空落底時，股價反彈往往非常迅速，會讓很多趨勢型投資人措手不及，以致買入成本偏高。

如下頁圖所示，由於投資人無法事先預測低點在何處，對價值型投資人來說，假設虛線為認為的合理價格，當股價落在虛線以下，則是進入買進區間，買入過程為下半部的 U 型底，包含虛線以下一路到低點，再從低點上升到虛線的階段。但由於底部出現利多時，股價往往反映過於迅速，因此，其主要多頭部位大多建立在左側箭頭區間；趨勢型投資人須確認趨勢拐點，但由於反彈初期股價上漲過快，因此其買入區間較高，主要部位建立在右側箭頭區間。

價值投資人買入區間，往往低於趨勢型投資人

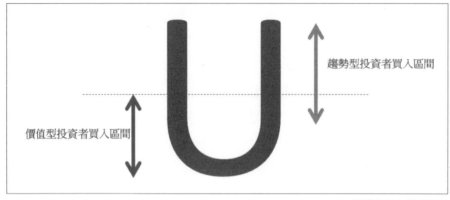

資料來源：作者整理

　　從風險的角度來說，價值型投資人豐厚的報酬建立在確定性上，如果買進不該買的股票，越跌越買，將會出現巨額虧損；其次，由於是左側布局，常常可能買得太早，以至於在下跌過程中，沒有足夠的資金加碼。因此最好還是分批有紀律地買入，比方說標普 500 指數，過去較大回測約 20％～ 25％，極端回測可達 50％，那就可以在指數下跌 20％以後開始買入，之後越跌越買，目標不是買在最低點，而是相對低點。

　　對於趨勢型投資人來說，儘管利空出盡時，股價上漲過快可能壓縮獲利空間，但正報酬機率相對較高，因此其風險不在於買入階段，而在於賣出。此類投資人往往隨著公司獲利成長加速、股價的上漲，而高估公司的經營能力，過度樂觀情緒往往逢回加碼。最終，在股價反轉時，持股來到最高，在股價高點拐頭向下時賣得晚了，股價下跌後又捨不得賠錢賣。因此，較好的方式是，當股價跌破重要趨勢線，或跌破最後一次加碼成本時，要堅定停損。

❸ 成長是價值的一部分

　　有些投資者會將股票分為成長型與價值型，會成長的公司歸類到成長型，不成長的公司歸類到價值型。對於一家好公司而言，成長是價值的一部分，沒有成長的公司很難成為好的投資標的。但多數高速成長的公司其持續性值得懷疑，最好是找到擁有顯著競爭優勢的公司，在市占率長期提升的過程中，能取得優於行業利潤的增速，持續、穩定獲得資本回報，轟轟烈烈的愛情不一定持久，穩穩的幸福最好。

▪ 大牛股長期的股價貢獻來自每股盈餘提升

　　股價恆等式可以表達為：股價（P）＝每股盈餘（EPS）× 本益比（PE），每股盈餘反映公司的經營成果，本益比則反映市場對於公司的期待。

　　對於短期的大牛股來說，每股盈餘不一定是主要變量，儘管很多高成長公司每股盈餘上升很快，但也有很多虧損的公司股價大幅飆升，本益比才是股價大漲的重要推手。這背後反映的是，市場對於公司後續表現寄予厚望；但對於長期創造 10 倍以上報酬的大牛股來說，每股盈餘長期持續成長，才是豐厚回報的主要來源。

　　回顧歷史上眾多 10 倍股的股價表現，其長期股價報酬率多半來自公司獲利的提升，如騰訊、Google、台積電、貴州茅台等，正如巴菲特所說：股票短期來看是投票機，但長期來看是秤重機。投資人應致力尋找具備長期增值的公司。

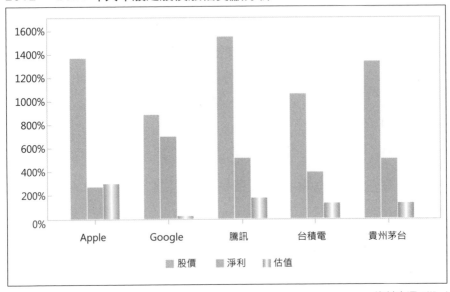

2012 ～ 2021 年大牛股之股價漲幅貢獻分析

圖例：股價　淨利　估值

資料來源：Wind
* 估值含填權填息、股本回購註銷影響

• 沒有成長的公司價值有限

　　沒有成長的公司多屬於成熟行業的龍頭公司，如鐵路、電信等，每年的每股盈餘與本益比相對穩定，股價的波動也較小，其優點是價值確定性較高，缺點是價值幾乎不成長。舉例來說，電信市場發展後期往往已經飽和，市場競爭格局也很穩定，台灣就是中華電信、台灣大哥大、遠傳等，經營環境穩定，內在價值的確定性就較高。

　　但由於需求非常穩定，用戶每期的電話帳單費用要逐月成長並不容易，所以每股盈餘波動也不大，持有這種行業類似於持有債券，債券也是最終價值（本金）很確定，每年配息金額（股息）很固定。

　　這類投資標的在市場大幅下跌時，表現會相對抗跌。因為股市下

跌時大家都很悲觀，會去尋找確定性強的股票。但在多頭行情時也常常落後指數表現，因為股市上漲時大家開始樂觀，會去尋找成長速度快的公司。加上股息要納入所得課稅，持有海外股票在領到股息前會先預扣稅額，也就是說，這類公司股價的一部分將被政府拿走，因此長期報酬更難跑贏指數。

一般來說，這類公司具備低估值、低波動、高股息的特性，對於有固定領息需求的投資人有較好配置優勢。

▪ 高速成長的公司持續有限

高成長公司多半屬於新興產業，可能是技術領先或商業模式領先的公司，如 Nvdia 的 GPU 在顯卡、智能車、伺服器方面的應用；Shopify 為網路賣家提供一站式服務的平台，包含電商網站設立、維護、銷售等一系列服務；或是政策大力推動的行業產業鏈，如新能源車的整車龍頭特斯拉、電池龍頭寧德時代、上游的鋰礦股 ALB；又如太陽能的硅料龍頭通威股份、組件龍頭隆基股份、逆變器錦浪股份；也可能是周期股在對的時間、對的環境，比如 2021 年的航運股因為疫情後產業鏈供需失衡，加上防疫措施導致碼頭工人、貨船水手短缺，造成運價飆升；或者 2022 年的能源股，受到烏俄戰爭及疫後交通運輸的需求影響維持高檔。

其共同特性是每股盈餘的增速很快，且預期未來將維持高成長。但由於顯而易見的上漲理由、接近完美的基本面，市場對未來高成長寄予厚望，願意為該公司付出的本益比也高得離譜，可能高達 50 倍甚至百倍以上。

但歷史告訴我們，能長期高速成長的公司不存在，樹不可能一直長到天上去，目前的高估值已透支未來至少 3 ～ 5 年高成長的預期。

除非公司表現得比市場預期更好，或是投資人認為 5 年後可以維持目前的增速，不然就是付出過高的代價。

因此，其優點在於成長空間大，缺點是確定性不足，沒有核心競爭優勢的高成長不可能持續，這類投資標的在基本面出現瑕疵或市場大幅下跌時，多半以慘跌收場。

▪ 價值持續性比成長性重要

對好公司來說，成長是價值的一部分，但成長確定性是價值成長持續性的先決條件。短期的高成長就像煙火，來得快，去得也快；長期穩定成長就像熱氣球，儘管速度不快，但持續性最終能使其飛得更高更遠。因此在投資的領域裡，持續性比高成長更重要。

其實，在全球股市高成長的股票通常長期會跑輸大盤，這是規律；只有少部分快速成長的公司，最終能長成參天大樹，這是特例，投資的規律比特例更可靠。而公司價值的確定性主要來自行業趨勢、公司競爭優勢，之後會有專章闡述。

4 逆向思維

逆向思維，提醒我們在感性主導的時候，多一分清醒。逆向思維在大多數時間是錯的，因為市場多數時間處於理性，只有在市場情緒走向極端時，逆向思維才能發揮關鍵作用。

▪ 這好得不像真的？真的有這麼悲觀嗎？

股市是由眾多投資者組成，股市的行為反映市場共識與市場情緒。市場情緒通常傾向穩定，這時候股價的走勢反映群體理性的決策，也就是說，市場往往是對的；但某些時候，因為事件的催化，因為某

些行業景氣度好得（壞得）特別突出，就容易讓市場情緒走向極端。這時候感性容易壓倒理性，你甚至會問：這似乎好到不像真的？或者事情真的有這麼差嗎？而正是這種時候，逆向思維才能凸顯其重要性，我們必須對極度的樂觀及悲觀保持懷疑。

▪ 第二層次思考：人多的地方不要去

人類是群居的動物，因此人多的地方會產生安全感，甚至蓋過理性的判斷。比方說，每到夏天大家喜歡去海邊，但有些地方禁止游泳，可是只要下水的人多，很多人還是會跟著去玩水。

人類跟風群聚的現象一樣出現在投資中，當市場過度樂觀時，就需要反覆確認可能不利的因素。大家追捧的熱門行業，就要謹慎，尤其當下一些市場熱點如太陽能、新能源車，這些背後都有強勁的基本面支撐、有政策的支持；但細究會發現，太陽能各環節中電池片、組件、玻璃等細分領域擴產的速度非常快，未來 2 ～ 3 年可能出現供過於求的現象，龍頭的估值甚至已反映了未來 3 ～ 5 年的成長。

也就是說，當下太陽能景氣度高，卻面臨估值過高、行業供需未來可能反轉，這時候應謹慎一點，因為行業股價存在過熱風險，只要業績低於市場預期，往往會出現人群踩踏，導致股價大幅下跌。

在股市裡，人多的地方不要去，也是一種逆向思維，一般稱為籌碼擁擠度。擁擠度過高的行業，在籌碼鬆動時容易出現踩踏式殺盤。若輔以技術面來看，當一個族群經過長時間上漲後，股價出現 3 至 5 天的噴出行情，或高檔爆大量股價卻收在當天相對低點，往往就是警訊，就到了應該離場的時候。

▪ 逆向思維成功關鍵：確保觀點是對的、韌性夠強

當市場過度悲觀的時候，試著找找正在好轉的證據；當市場過於樂觀時，試著找找正在轉差的可能。2020 年爆發的新冠疫情，直接衝擊美股表現，標普 500 指數由 2/19 最高 3,386.15 點，一路下挫到 3/23 最低點 2,237.40 點，僅僅一個月跌幅就達 33.9％，期間並觸發了數次熔斷。市場連番重挫說明情緒正處於極度悲觀，這時候，逆向思維者要關注的是，什麼積極因素正在改善，如果觀察當時中國防疫經驗，阻斷人員流動被證實短期有效，這個就是可以思考的方向。

逆向思維投資者需要第二層次思考，因為市場絕大多數時候是對的，單純為了反對而反對十分危險，必須回答幾個問題，是否能明確指出市場共識哪裡錯了？為何大家都沒有發覺？如何確保我的觀點是對的？如果我錯了，最大的損失是什麼？逆向思維成功的前提條件在於，確保觀點是對的。

此外，由於市場行情有慣性，所以逆向投資人不是下跌時買早了，導致越買越跌，不然就是股市末升段賣早了，看著旁人賺得盆滿缽滿。因此，很多投資人即使察覺市場情緒過於亢奮，股價已遠遠超過公司價值，提前出清手上持股，但最終在指數下跌又向上加速創新高的時候，出於忌妒情緒重新入場，導致套在最高點。

相反的，在指數大幅下跌、市場悲觀情緒壟罩下，股價已經明顯低於公司價值，很多投資人開始買入，但市場情緒可能再度惡化，最終急跌的階段會讓帳上損失變得不可承受，而選擇清倉出場，導致砍在最低點。

因此，逆向的思維要被證明正確，還要能熬得住，只要觀點是正確的，市場最終會給予豐厚的獎勵。但在這之前，必須確保短期內不

陣亡，這是逆向投資者的必備要素。

　　逆向思維的成功，一要確保觀點正確，二要有堅強的韌性。而堅強的韌性來自與市場持反向觀點的信心。趨勢投資人主張不要接落下的刀子，但當不確定因素解決的時候，股價迅速反彈也讓豐厚的利潤不復存在。所以身為逆向思維投資人，需要堅守內在價值的精髓、尋找正在改善的證據，謹慎接住落下的刀子。

5 安全邊際

　　我們常說凡事都要留餘地，在投資裡，餘地就相當於安全邊際，可以理解為投資行為中犯錯的餘地。安全邊際的來源有兩個，一個是買進價格，另一個是買進理由。

▪ 來源 1：買入價格的安全邊際

　　首先，買進價格方面，當我們估算價值 100 元的東西，只用 80 元買，就相當擁有 20 元的犯錯空間，這 20 元就是安全邊際。股票的合理價格，學術上定義為公司生命周期中所能創造的自由現金流量折現值。其中，自由現金流量相當於股東可自由運用的現金利潤，就是公司營運產生的淨現金流入減去資本開支；而折現值主要反映金錢的時間價值，一般用長期國債利率表示。

　　由於公司經營存在不確定因素，因此，行業越穩定、公司業務相對簡單的公司，估算出來的公司價值偏差越小，所需要的安全邊際越少。比方說，電信行業競爭格局確定、需求端波動不大，不太需要每年再投入大量資本，所估算出來的價值就會相對確定，安全邊際可以低一點，比方說給予估價價值 10% 折扣。

　　相反的，電子業發展受技術推動，所獲得利潤需要再投入研發，

且行業競爭格局相對不穩定，安全邊際就需要高一點，可能要給予估價價值 30％～40％折扣。一般而言，對未來要求太高的股票很難有安全邊際。

低估值是安全邊際的重要來源，很多現在表現很好的大牛股，未來可能未必如此，因此在歷史實證上，高估值股票長期報酬率往往低於低估值的股票，高估值隱含對未來過高的期待，往往希望有多大，失望就有多大；低估值反映對未來的低期望，只要低到足以反映多數的不利情況，那下檔風險就相對有限。一般而言，低估值機會通常來自大盤的系統性風險，或個股的事件性風險，而不是慣性的低估值。換言之，低估值必須建立在不影響企業內在價值的前提上。

當好公司出現事件性風險的時候，只要該事件不影響公司核心競爭優勢，那非理性的下跌就提供較好的安全邊際；但如果是公司體質出問題，那麼低估值並不能帶來安全邊際。換言之，公司很可能每況愈下，在每股盈餘下降過程中，估值會被動提升，投資人認為的便宜，其實並不便宜。

• 來源 2：買入理由的安全邊際

另一個安全邊際來自於買入理由，當買入一個行業或公司的時候，核心買入的理由最好不只一個，比方說，在買入美的集團時，買的是當年夏季酷熱對冷氣需求增加、原物料成本下降對於利潤提升、地產政策放鬆對於銷售改善預期、公司是眾多高速成長的小家電龍頭、海外市場成長空間大。當核心買入因素較充分，儘管其中一個因素可能短期發生變化，也不會影響主要投資價值。

第二章
自上而下：
認識周期的重要性

萬物皆有周期，周而復始。了解我們處在周期的什麼位置，對接下來的資產配置會很有幫助。首先，透過人性周期、經濟周期、信用周期的交叉確認，有助於投資人了解目前所處的景氣位置。其次，當市場落底時，政策底、市場底、經濟底、獲利底一般會依序出現，可以做為介入市場時機的參考。最後，藉由美林時鐘的應用，幫助投資人在所處的周期中，做出相對有利的資產配置。

❶ 萬物皆有周期

　　一個景氣中存在各種各樣的周期，除了人性周期、經濟周期、信用周期，還有地產周期、庫存周期等，但前三者周期對投資人來說最容易觀察，同時也具備周而復始的典型周期特性，並且當周期走到極端時，都會對市場產生重大影響。

　　人性周期說的是樂極生悲、絕處逢生的古老智慧，市場極端行情往往是由情緒推動；經濟周期則像春、夏、秋、冬四個季度，對應著復甦、繁榮、衰退、蕭條四個景氣階段；信用周期的本質是槓桿，銀行為周期核心角色，在繁榮及蕭條階段對景氣演繹有放大效果。

▪ 人性周期：悲觀與樂觀、自信與絕望

　　共同基金教父約翰・坦伯頓（John Templeton）說過一句名言：「行情總在絕望中誕生，在半信半疑中成長，在憧憬中成熟，在充滿希望中毀滅。」

市場由眾多投資人組成，每個投資人對同一標的看法的差異，最終反映在買賣行為上，當市場參與者夠多時，會消除個體選擇的隨機性及無效性，最終股價走勢代表多數人的觀點取向。因此，在假設市場為理性的情況下，我們可以說，多數時候市場是正確的。

但是當一致看多（看空）的投資人越來越多時，群體情緒就會凌駕理性之上，以至於後來參與的投資人，很多人選擇看多（看空），往往是因為股價的上漲（下跌）走勢，而不是對公司理性的判斷，這過程中加大了市場波動，並引導市場走向極端。

此時，最常聽到的聲音是：因為什麼原因，我認為這次行情跟之前大漲（崩盤）的情況都不一樣，行情還沒結束。在投資領域裡，極端行情的出現，往往伴隨著這次不一樣的信念。利用擦鞋童理論以及觀察市場情緒變化，有助於投資人更掌握人性周期。

以下描述股價周期走勢中，對應的市場情緒。

人性周期各項指標表現

	股市表現	股民心態	市場情緒
落底期	指數：底部躺平 成交量：量縮	再也不要跟我談股票	絕望
上漲期	指數：溫和上漲 成交量：溫和上升	空手看戲	半信半疑
泡沫期	指數：加速上漲 成交量：同步放大	寧可虧錢、不能少賺	亢奮
下跌期	指數：下跌、劇烈震盪 成交量：由大到小	無限攤平之術	悲觀

資料來源：作者整理

股價落底期》行情在絕望中誕生，市場情緒悲觀、股價開始築底

　　這個階段在利空充斥之下，市場瀰漫悲觀情緒，儘管股價已經大幅下跌，但趨勢型投資人此時不是已經離場，就是在場邊觀望。只有少數敏銳的投資人發現公司可能出現營運好轉跡象，並開始買進。

　　比方說，政策對地產銷售限制鬆綁、對地產開發商的支持，接下來地產銷售可能好轉，這會帶動地產後周期包含家電、家居的需求，加上原物料價格從高檔下跌，意味著利潤率在產能利用率提升之後存在改善預期。因此，判斷行業最壞情況已經出現，未來將漸入佳境，投資人在地產銷售增速出現邊際改善，但後周期行業財報仍然較差時，就可以提前進場布局。

　　此時，只有超前思維的投資人才能發現潛在投資機會，因此，行情初期買進的投資人不多，股價走勢及成交量表現較為溫和。同時，在底部出現買盤下，股價可能反覆震盪，但不再出現趨勢性下跌。

股價上漲初期》行情在半信半疑中成長，市場情緒謹慎樂觀、股價緩步上升

　　隨著最近一次公司財報顯示，營運最壞的情況可能已經出現，甚至出現邊際改善的現象，諸如營收下滑速度開始減少、利潤率不再持續下跌等，公司管理層也表示看到未來營運改善的相關訊號。由於當前業績絕對值依然處於谷底，多數投資人對基本面仍有顧慮，半信半疑之下抱著走一步看一步的心態。

　　但在好轉跡象逐漸增加之下，越來越多投資人開始認同公司基本面將持續好轉，並隨著往後業績逐步改善，不斷吸引新的買盤進駐，股價開始呈現一底比一底高的多頭型態，投資人心態也趨於正向。

股價上漲中後期》行情在憧憬中成熟，市場情緒樂觀、股價加速上升

伴隨股價呈現多頭型態，以及其他正面條件的催化，例如業績成長加速、獲得新的大客戶訂單、研發中的技術出現重要突破、政府出台行業扶持政策等；結合公司的財報交叉驗證營運正進入加速成長，上漲邏輯獲得市場普遍認可，機構法人、市場大戶持續買進，帶動股價加速上漲，成交量也會同步放大。股價上漲的賺錢效應又進一步強化市場信心，形成一個正向循環，市場情緒趨於樂觀。

終於，當行情走到後期時，在樂觀情緒的作用下，多數投資人只認趨勢，不認估值，不再強調物有所值，而是害怕錯過。場外的機構及投資人面臨空手的壓力，在股價高檔修正時追高入場。此外，街頭訪問談論股價的人變多，但談論的都是股價，而不是基本面變化，這是典型擦鞋童理論的展現；以及券商分析師對公司的業績預測，開始趨於盲目樂觀。由於券商的大力喊進、股價的上漲反饋，導致投資人認為公司營運只會越來越好，高成長得以持續，堅信這次不一樣，最終將樂觀情緒推向了極致。

附帶一提，投資人在閱讀券商報告時，應該著重於基本面訊息，而不是買賣評等與目標價。在股價加速上漲時，券商往往基於買進的前提下，找理由上調目標價，甚至因為股價上漲過快，導致在基本面沒有出現新的催化時，仍然再次上調目標價格。

此外，當股價大幅脫離基本面時，傳統的保守評價方式已經顯得離譜，這時候，為了合理化估值，很多券商會改以市值評估，在樂觀預期下，預估行業最終產值，再乘上預估公司最終市占率，得到一個目標市值。這些數據假設往往非常主觀，投資人必須抱持極度懷疑的態度。更何況，絕大多數報告只有買進跟中立，鮮少有賣出評級。

股價上漲末期》行情在充滿希望中結束，市場情緒極度樂觀、股價出現噴出走勢

在最後一個投機買盤進場後，開始有投資人體認到，公司估值早已大幅透支基本面，事情發展好到不像是真的，目前的高股價意味著在未來幾年預期收益偏低。隨著投機買盤的竭盡，技術型態上可能伴隨出現幾天內股價急速上升的走勢，或在波段最高點成交量爆出大量，但股價卻收在相對低點，形成墓碑線（如下圖）。在行情末端，這些是相當危險的走勢，意味著開始有大戶或機構獲利了結。在市場最為亢奮的時候，也是投資人該起身離場的時候。

墓碑線是高檔反轉的訊號

資料來源：作者整理

股價下跌初期》行情在看法分歧中回檔，市場情緒仍然樂觀、股價無法再創新高

股價自最高點下跌初期，市場對基本面仍然一片樂觀，趨勢型投資者多半認為這是牛市中途難得倒車接人的機會，導致高點第一波下跌時，反而會有大量投資者搶進，帶動股價出現強勁反彈，反彈可能

超過前期下跌幅度的一半以上。但由於前期累積大量獲利籌碼的投資人正在離場，整體籌碼供給仍然大於需求。此時，當股價不再次觸及前高，投資人反而應該把握機會，果斷賣出。

股價下跌中後期》行情在利空實現中下跌，市場情緒轉為謹慎、股價趨勢下跌

接下來，股價再次下跌會伴隨基本面轉差預期或負面消息，此時市場多空分歧加劇，帳上仍有獲利的投資人，獲利隨著股價下跌快速縮減，導致大量獲利了結賣壓出籠，甚至不排除發生局部性的踩踏行情。加上行情尾端追高的投資人普遍已經出現帳面虧損，也有停損的壓力。疊加之下，此階段市場震盪加劇，下跌中成交量逐步放大，股價也多半呈現弱勢反彈現象，其反彈幅度多半不及前波下跌幅度一半，市場情緒由半信半疑轉向悲觀。

股價下跌末期》行情在踩踏式賣出中崩跌，市場情緒轉為悲觀、股價大幅下挫

當越來越多投資人開始確認基本面存在不利因素時，股價加速下跌，伴隨絕望的停損賣壓出籠，導致股價出現急跌、成交量迅速放大。這個階段，市場悲觀情緒已經主導行情，並對股價形成負反饋，急跌的股價觸發新一輪停損賣壓，新的停損賣壓又加速股價下跌，投資人在絕望中開始不計成本賣出，導致股價迎來最後一波急跌。

終於，當多數追高的投資人停損出場後，市場釋放了主要賣壓，由於買賣雙方力竭，股價開始呈現底部量縮整理。此時，前期大跌導致市場過度拋售，公司股價已經顯著低於內在價值，有能力的公司這時候開始進行持續性回購，大股東開始增持公司股票，價值型投資人也可能在此階段持續買入。最終，股價走勢趨於穩定，並等待公司營

運好轉跡象出現，股價又開始重新回到上行階段。

以上對個股股價行為描述，也適用於指數行情，行情初期的發展幾乎都是有理可循，但隨著基本面發展及行情的自我強化，情緒慢慢主導股價上漲，投資人開始交易股價上漲的行為，而不是基本面的變化。最終，行情發展到極端時，市場開始回歸理性，並出現獲利了結賣壓，股價進入反向循環。

霍華德・馬克思在《投資最簡單的事》一書中，有一段關於牛市與熊市的三階段論述：牛市三階段中，第一階段只有少數有遠見的人開始相信一切會更好，第二階段大多數人意識到進步的確已發生，第三階段則是人人斷言一切永遠會更好。

熊市三階段中，第一階段在於少數善於思考的人意識到，儘管情勢一片大好，但不可能永遠稱心如意，第二階段則是大多數人意識到情勢惡化，第三階段人人相信情勢只會越來越糟。

▪ 經濟周期：復甦、繁榮、衰退、蕭條

經濟周期可分復甦、繁榮、衰退、蕭條四個階段，前兩階段為景氣上行周期，後兩階段為景氣下降周期。景氣如四季，周而復始，生生不息。由於科技帶動生產力提升，全球的經濟長期保持成長，經濟周期便圍繞生產力提升，呈現周期擺盪的特性。

在分析經濟周期時，有一點也很重要，就是要分析所在地區的經濟結構。比方說美國以消費服務業為主，必須重視消費者信心指數、物價水準、消費年增率等指標；中國則是製造業與消費業並重，儘管近年來消費比重逐漸提升，但仍保有世界工廠的地位，尤其在部分製造業如家電、太陽能、新能源車電池、高鐵等領域，因此就需要重視出口、新訂單、生產相關指數；台灣的產業結構中，除了內需消費，

也要關注全球半導體周期變化，以台積電為中心，從上游 IC 設計到下游封測、設備，已經形成完整的產業鏈，投資人要留意下游消費電子基本面、全球半導體龍頭財報表現等訊息。

經濟循環四周期

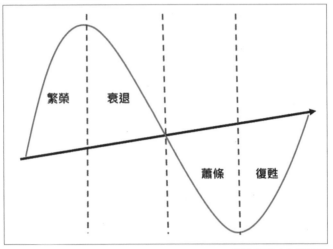

資料來源：作者整理

經濟周期各項指標表現

	失業率	利率表現	政府政策	GDP 年增率
復甦期	高檔邊際改善	短天期利率低檔 長天期利率上行	貨幣政策寬鬆 財政政策積極	邊際改善到上行
繁榮期	降至低檔	長短天期利率同步上行	貨幣政策趨緊 財政政策轉為中性	加速上行
衰退期	低檔邊際惡化	短天期利率上行 長天期利率下行	貨幣政策先緊後鬆 財政政策偏多	邊際放緩到下降
蕭條期	維持高檔	長短天期利率皆下行至低檔	貨幣政策寬鬆 財政政策積極	加速惡化

資料來源：作者整理

復甦期》政府支出受惠行業營運改善，社會失業率不再持續惡化

在經濟蕭條階段之後，政府積極使用財政與貨幣政策工具，或是新技術帶動社會生產力提升，讓市場從谷底逐漸復甦。在政府對金融系統的信用支持下，讓信貸市場逐漸恢復正常運作，並帶動信心開始恢復；同時，政策對企業減稅降費、加大基礎建設投資、維持寬鬆貨幣環境等措施，也會使經濟活動重新恢復生機。

與政府支出相關的行業，景氣率先開始恢復，並擴散到整體產業鏈。比如傳統基礎建設項目中的鐵路投資，政府會對鐵路建設、信號系統相關行業進行招標，帶動行業訂單成長，這些公司再向對應的零組件、系統廠等供應商下單，因此整個鐵路建設上下游產業鏈先後出現復甦。比如新型基礎建設，對太陽能建設的投資，也會從電廠招標開始，景氣逐步向組件、電池、硅料、膠膜等各個環節擴散，帶動全產業鏈的產能利用率回升。

此時，受惠於政府支出的行業率先看到訂單回潮，產能利用率回升促使公司增聘產線員工，社會失業率不再惡化。但由於景氣回升初期主要來自政府拉動，經濟內生成長動能仍然偏弱，因此，多數企業主不會在此大幅增加資本支出，薪資成長及擴產相對保守，民眾資產負債表仍處於等待修復階段。

在復甦中後期，政府擴張性財政政策對社會總需求提振開始顯現，寬鬆的貨幣政策提供便宜的資金環境，越來越多行業景氣出現復甦跡象，意味經濟內生成長動能開始恢復，企業新訂單及利潤持續好轉，帶動產能利用率進一步回升。景氣度較高的行業對訂單展望趨於樂觀，開始購買設備、蓋新廠房來承接更多訂單，企業中長期貸款需求出現好轉跡象。

隨著各行業雇用員工人數持續上升帶動社會失業率下降，以及企業經營能力恢復帶動勞工薪資出現成長，促使民眾消費能力得以提升，經濟活動開始加速，國內生產總值（GDP）年增率出現好轉。

債券方面，復甦期市場對經濟前景展望逐漸好轉，會帶動長天期利率回升；同時，政府維持寬鬆貨幣政策，短天期利率保持低檔，長短期利差會擴大。

繁榮期》金融資產大幅上漲、失業率下降、工資提升

隨著景氣持續回暖，製造業新訂單增加帶動生產活動趨於旺盛，企業主對未來前景展望樂觀，並傾向於擴充產能來產生更多營收及利潤，這帶動了資本市場及銀行體系融資需求，體現在經濟數據方面，企業中長期貸款開始出現強勁成長。

同時，受到企業對勞工需求殷切，工資上漲加速，民眾對消費能力大幅提升，加上地產、股市等金融資產的上漲，財富效應拉動消費意願高漲。隨著商品及服務消費需求增加，零售通路商品庫存降低，零售通路庫存回補又帶動生產端新訂單成長，形成一個正向循環。

由於民眾對消費信心處於高點，因此儲蓄率呈現下降走勢，消費貸款需求旺盛，央行也會在繁榮期後期適度採取預防性升息，以防止景氣過熱。

此時經濟活動旺盛，其特徵體現在生產規模擴大、物價上漲、達到充分就業、勞工薪資提高、民眾購買力提高，國內生產總值年增率呈現加速上行。

債券方面，繁榮期市場對經濟前景樂觀，帶動長天期利率上升，同時，政府在繁榮後期會採取預防行升息措施，會帶動短天期利率上升，由於預防性升息一般速度不會太快，長短天期利差仍會拉大。

衰退期》央行升息應對通膨上升、耐久財消費出現下滑

隨著經濟快速發展，需求強勁成長導致商品供需缺口擴大，原物料價格出現上行壓力，央行會逐步增加升息預期，以抑制通膨上漲，升息的力度取決於通膨的表現。在一連串持續升息之下，民眾每月信用貸款還款金額被動增加；而原物料通膨高漲，也使得與生活相關成本上升，導致民眾的可支配所得受到擠壓，並開始縮減不必要支出。

消費意願下降導致下游零售商面臨庫存堆積需要降價求售，中游工廠面臨訂單減少必須裁員縮減支出，體質較差的企業及個人還款能力出現惡化。銀行意識到壞帳率上升，新的信貸條件趨於嚴格，這使得再融資困難，進而違約風險大幅上升。

當越來越多人繳不出房貸，導致房子被銀行收回或被迫折價出售，房地產市場出現供給持續增加，需求端則受到景氣前景惡化預期而導致收縮，房地產市場供過於求導致房價出現進一步下行壓力；地產開發商在銷售放緩之下面臨資金周轉困境，並可能導致對供應商及銀行拖欠款項；金融體系流動性緊縮問題加劇，體質較差銀行可能因此發生擠兌，所有因素環環相扣、相互強化。

隨著經濟惡化程度加大，政府此時提供信用擔保維持信貸市場正常運作，同時持續出台擴張性財政政策，通膨在需求衰退後開始顯著回落，貨幣政策在後期會轉為擴張，政策工具對穩成長訴求較強，國內生產總值年增率開始下滑，甚至出現負成長。

債券方面，衰退期市場對經濟前景展望逐漸轉向負面，長天期利率最終開始下行，同時，政府為了抑制通膨採取升息手段，短期利率上升速度加快，長短期利差迅速縮小，甚至出現倒掛。

蕭條期》生產及消費活動停滯、失業率處於高檔、原物料價格暴跌、股匯市動盪

蕭條期是衰退期發展的極端情況，指經濟活動大幅停滯。由於消費活動大幅放緩，市場需求萎靡導致商品價格下降，進入通縮；同時伴隨大量企業破產倒閉，生產活動大幅減少，信貸需求大幅萎縮、失業率處於高檔，民眾及企業資產負債表受到嚴重衝擊。

新興市場由於經濟淺碟特性，很多國家依靠大宗原物料出口維持財政，由於蕭條時期需求低迷，這些國家面臨原物料價格暴跌，外資加速流出導致貨幣大幅貶值，一些以境外美元債為融資管道的國家面臨違約風險，最終股匯債市崩盤，社會處於極度動盪，國內生產總值年增率加速下行，絕對值位於低檔。

債券方面，蕭條期市場對經濟前景悲觀，長天期利率下行至低檔；同時，由於需求萎縮，通膨壓力大幅放緩，政府為了刺激總需求採取降息措施，短期利率下降，最終長短期利率皆處於低點。

全球景氣保持穩定前提下，如果一個國家經濟結構相對健康，則當出現景氣循環波動時，政府在衰退期積極介入財政及貨幣政策，大大縮短蕭條時期的時間及影響，如果民眾資產負債表健全，在消費信心恢復下，甚至可能跳過衰退期，進入下一輪景氣周期。

▪ 信用周期：銀行是周期的主要因素

歷史上，經濟周期大多都逃不開信用周期影響，少數信用主導的周期更是慘烈，2008 年次貸風暴是其中經典代表。

銀行對信用周期的影響體現在幾方面：

銀行是高槓桿行業：資產負債表結構中（資產＝負債＋股東權益），股東權益占比只有 10%～13%，相當於以 10%～13%的資本金，實現 8～9 倍的槓桿操作。因此，只要出現較大營運虧損，股東權益很容易賠光，需要進一步增資。所以當銀行發生流動性風險時，往往會引發民眾瘋狂擠兌。

存貸期限錯配問題：短存長貸是銀行貸款業務產生利差主要方式之一，也就是資金來源短期化、資金運用長期化。銀行可供貸款的資金多半來自於薪資活存、企業存款、同業存款及拆借等短期資金，當銀行承做長期貸款時，由於貸款利率高於短期貸款，且管理成本較低，可以產生較大利差。但對中小銀行來說，其存款可能更多來自不穩定的企業存款、同業存款及拆借，因此當風險發生時，更容易面臨流動性不足的現象。

容易形成系統性風險：多數企業往往不會清償貸款，而是以到期再融資的方式展延，因此當信用風險發生時，再融資條件大幅提高會導致企業融資困難，引發資金周轉問題及債務違約風險，甚至破產倒閉，使經濟進一步陷入衰退。另一方面，銀行間交叉信用的曝險可能存在交易對手違約風險，導致整體金融系統風險快速上升。

在信用周期中，銀行傾向於景氣熱絡時增加貸款投放規模，此時企業營運欣欣向榮，壞帳發生機率降低，大規模放貸可以帶來較高利潤，但真的是如此嗎？

信貸周期各項指標表現

	民眾／企業貸款需求	銀行放貸活動	銀行貸款條件（擔保品、還款能力）	銀行不良貸款率
復甦期	民眾端：偏弱 企業端：轉強	逐步恢復	要求嚴格	高檔逐步改善
繁榮期	民眾端：強勁 企業端：強勁	積極尋求 放款機會	逐步轉為寬鬆	下降至低檔
衰退期	民眾端：轉弱 企業端：轉弱	逐步放緩	由寬鬆趨於嚴格	低檔逐步惡化
蕭條期	民眾端：低迷 企業端：低迷	消極減少 放貸活動	要求最嚴格	處於高檔

資料來源：作者整理

復甦期》企業及民眾貸款需求緩慢好轉，銀行放貸活動逐步恢復、壞帳率邊際改善

復甦初期，百廢待興，由於政府的積極財政、貨幣政策奏效，景氣復甦不穩固但部分指標出現好轉跡象，少數廠家嗅到景氣回溫的氣息，開始逐步回補庫存，製造業訂單開始好轉；但對未來前景仍然不確性，使得企業不敢貿然增加產能，因此信貸需求增加並不明顯，民眾資產負債表處於修復階段，信貸市場需求表現仍然較差。

復甦後期，隨著越來越多證據表現景氣正在改善，生產、消費活動恢復往常，出口動能開始旺盛，新訂單顯著好轉，內外需求同步回溫下，工廠產能利用率快速回升，企業用工需求增加，並開始擴充廠房及產能，以承接未來持續成長的訂單，銀行貸款需求開始回升。

繁榮期》企業及民眾貸款需求旺盛，銀行放貸條件寬鬆、壞帳率下降

進入繁榮期，生產及消費活動旺盛，民眾消費意願及消費能力提升，帶動短期信貸（信用卡）及中長期信貸（房貸、車貸）需求，工

廠老闆對未來景氣感到樂觀,開始增加設備以提高產能,帶動企業中長期信貸需求。在民眾及企業信貸需求成長,以及貸款人違約率降低之下,信貸市場呈現欣欣向榮,銀行出於業績成長及同業競爭壓力,傾向於擴大貸款規模增加營業收入,進一步為景氣上行添柴火。

因此,大家一定有發現,2020 ~ 2021 年容易接到銀行詢問貸款需求的電話,貸款人對貸款條件、貸款利率、手續費率談判空間也較大。銀行此時從復甦初期的謹慎放貸,到景氣熱絡期的積極尋求放貸。但此時放貸風險真的很低嗎?事實上,此時感受到的放貸風險正在降低,但實際的違約風險正在逐步增加。

終於,經濟活動發展到了周期階段頂點,為了避免經濟過熱,央行開始預防性升息,藉此抑制強勁的終端需求,在利率逐步調高的過程中,民眾房貸、車貸等長期貸款的月還款利息開始增加。由於升息幅度快過薪資成長,因此,這些長期貸款占生活中可支配所得比重也會增加,並在達到一定程度時,開始排擠其他消費預算,如旅遊、家電、3C 產品等消費將被延後或取消。

當中產階級開始縮減支出時,社會終端消費力道明顯減弱,企業商品庫存開始堆積,面臨去庫存壓力,並暫緩或取消設備廠房貸款需求。在這個階段,對銀行信貸需求增速開始放緩,儘管少數財務體質較差的個人或企業開始出現還款壓力,但整體壞帳率仍維持低點。

衰退期》企業及民眾貸款需求下降,銀行放貸條件趨嚴、壞帳率上升

繁榮之後的衰退期,企業在訂單量減少、生產成本上升之下,開始縮減開支,裁員、減薪的企業開始增加,加上金融資產下跌,民眾消費意願及消費能力降低,消費走弱帶動企業訂單下降,進一步加大景氣下行壓力,進入負向循環。貸款者儘管此時面臨越來越大的還款

壓力，仍會盡可能按時還款來維護信用紀錄。

　　隨著景氣衰退加深，衰退的中後期，進入貸款協商、延後還款的民眾及企業開始增加，對銀行來說，景氣熱絡期積極簽訂的大量貸款合約，隨著貸款人違約風險上升，銀行壞帳率也逐步上升；因此，接下來的貸款條件趨於嚴格，放貸規模也大幅降低，財務體質較差的企業及個人，無法從銀行獲得再融資，資金周轉困難再度加大了違約風險，違約率上升又促使銀行再度收緊新增貸款。

　　此外，銀行間的交叉信用曝險讓金融系統更加脆弱，一家銀行發生風險可能同時拖累數家銀行，造成全市場流動性走向枯竭，股市與景氣位於冰點。

蕭條期》企業及民眾貸款需求降至冰點，金融體系存在系統性風險

　　蕭條期經濟活動大幅降低，民眾及企業貸款需求低迷，大量中小企業破產倒閉，銀行大幅虧損並可能引發擠兌，進一步導致流動資金不足，信貸市場幾乎停滯，只有體質最好的企業可以取得貸款，金融系統處於崩潰邊緣，銀行需要增資及政府輸血度過難關。

　　此時，私部門信用大幅受損，需要政府強力介入，包含貸款擔保、增加貨幣供給、引導利率降低、發行特別國債等，一方面向市場注入大量流動性，一方面給予信用擔保。在政府信用背書下，市場信心率先修復，而後信貸市場活動開始恢復，並隨著後續經濟緩步復甦，違約風險開始下降，金融活動最終回到正軌。

2 周期下行順序

　　當市場跌到谷底時，投資人應該如何判讀市場拐點？總結過去經驗，在市場底部期間，會看到政策底、市場底、經濟底、獲利底依序

出現。也就是說，投資人看到政府大力介入市場維穩時，就應該開始逢低加碼。而後續的經濟底與企業獲利底的出現，則是對宏觀環境好轉的再確認，但已屬於落後指標。

• 政策底：積極財政政策與寬鬆貨幣政策

在市場下行期間，往往對應經濟的下降周期，也就是由衰退到蕭條的階段，此時生產、消費活動減弱，進一步降低信貸需求，股市整體表現信心不足。因此，政策底會先出現，也就是政府開始陸續將貨幣政策及財政政策投放到市場上。

從貨幣政策來看，為了降低信貸成本，在通膨許可的條件下，貨幣政策會保持寬鬆，一方面透過貨幣政策工具如 QE、買回債券等手段向市場釋放流動性，一方面引導利率下行，降低企業融資成本。

財政政策則更多元，可以是加大財政支出或舉債增加基礎建設項目，也可以是對企業減稅降費、對民眾發放消費券等方式，針對目前經濟痛點進行發力，在民眾與企業活動趨緩時，政府扮演活絡經濟的重要角色。

• 市場底：春江水暖鴨先知，股市領先基本面落底

市場底的出現在於，隨著政府一連串穩成長政策推出，從政策推出到具體投資落地，以及從投資落地到對經濟產生拉動效果，一般需要二到三個季度。在這期間，股市會率先反映未來經濟觸底好轉預期，因此，在政策組合拳推出之後，只要力度大到讓市場相信對經濟能產生托底作用，市場的信心就會逐步恢復。

股市在這階段也容易出現落底反彈，只要後續經濟數據如期出現好轉，則第一波反彈後的回檔，通常不會跌破前一波低點，股市的底部確立。

- 經濟底：信用貸款邊際變化與經濟主要組成改善

經濟底的出現，在於前期政府政策推出的有效性及持續性，一般而言，可觀察的前期指標包含民眾及企業的貸款結構是否出現好轉，民眾短期貸款主要包含一般消費貸款，但更重要的是民眾中長期貸款，體現出對汽車、房屋等耐久財的需求是否回升。

企業短期貸款一般視為流動性指標，初期短期票據可能衡量避免出現流動性危機，但中長期貸款表現更為重要，一般指的是企業的資本開支，包含添購設備、廠房等長期資金需求。企業對未來景氣信心轉強，中長期貸款表現才會出現走強。所以，企業及民眾中長期貸款的表現，對初期景氣落底的判斷更為重要。

其次，依據所投資國家經濟結構差異，可以觀察不同指標表現。比方說，美國經濟組成中以消費為主，消費信心指數、消費支出、可支配所得收入等指標就更為重要；台灣主要依賴外銷市場，又以電子業比重居高，則須觀察海外市場及電子業景氣落底情況；中國則是製造與消費並重，生產及零售數據尤為重要。

- 獲利底：高財務槓桿、高運營槓桿企業率先受惠

最終，企業獲利受到外在經營條件改善、景氣復甦帶動、消費信心增強之下，企業訂單、生產開始活絡，營運普遍出現好轉，但這時候股市早已大幅上漲，企業獲利的確認已經是落後指標。

在景氣下行周期落底過程中，哪些財務特徵的企業會率先反彈？

首先，在市場大幅下跌過程當中，流動性處於緊縮階段，對財務槓桿較高的公司，也就是負債率較高的公司壓力最大；因此，在貨幣政策引導利率下行的過程中，此類公司利息壓力有望減輕，高財務槓桿企業在落底過程有望第一波受惠。

其次，隨著景氣落底出現好轉，企業營收出現回升，此時高營運槓桿企業將受惠。這類企業固定成本（廠房、設備）比率較高，當營收增加時，一般變動成本會同步增加，但固定成本不會，這導致營收增加過程中，整體成本率出現降低，最終利潤增速快於營收增速。此類的公司，一般來說淨利率偏低，當淨利率從 2％提升到 4％，光利潤率提升就可帶來 100％的獲利成長，此時高營運槓桿企業利潤彈性較大，股價表現也較好。

名詞解釋

營運槓桿：營收每增加一單位，對應營業利潤增加幅度。

固定成本：一般指廠房、設備，也稱為沉沒成本，固定成本不隨營
　　　　　收表現而增減。

變動成本：指人工、行銷費用等，變動成本會隨營收表現而增減。

周期下行落底反彈階段，成長股一般表現較好，其原因在於當政府實施寬鬆貨幣政策時，釋放的流動性一部分流往實體經濟，一部分卻留在金融體系內。所以當流往實體經濟流動性滿足對應的貨幣需求時，累積在金融體系內的貨幣數量也會大幅增加，這部分稱為剩餘流動性。

因此，政府的挑戰在於，如何讓金融體系內剩餘的流動性投向實體經濟，以提升貨幣政策效率。而在景氣落底反彈時，這些金融體系內的閒置資金會去尋找股價彈性最好標的，因此成長股在景氣落底反彈時，通常表現較好。

此外，幾個比較實用的股市落底訊號包含：市場估值是否處於歷

史低檔、剩餘流動性是否充足、領先指標是否低點拐頭向上、政府基金（國安基金）是否開始入場。

股市落底指標

指標	條件	備註	2022/10/13 數值
市場估值	股價淨值比 <1.5 倍	股價淨值比多落於 1.4~1.9 倍，建議以股價淨值比為主。	股價淨值比 1.66 倍
市場估值	本益比 <10 倍	本益比多落於 9.7~23.0 倍，衰退時參考性不高。	本益比 9.10 倍
剩餘流動性	M1B-M2>0	代表流動資金充裕	9 月 -0.25%
M1B= 通貨淨額 + 支票存款 + 活期存款 + 活期儲蓄存款 M2=M1B+ 定期存款、郵政儲金、外匯存款			
景氣指標	領先指標轉向	轉折點領先股價 2~6 個月	持續下行
台灣領先指標由國發會統計，包含外銷訂單動向指數、貨幣乘數 M1B、台灣加權股價指數、工業及服務業受雇員工淨進入率、建築物開工樓地板面積、半導體設備進口值、製造業營業氣候測驗點 7 項構成項目組成。			
籌碼面指標	國安基金進場	國安基金進場勝率高，大多位於指數底部區域	2022/7/13

資料來源：作者整理

台灣加權指數與剩餘流動性（M1B 年增率 -M2 年增率）

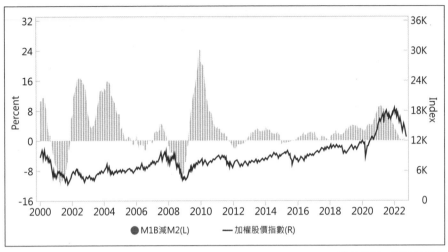

資料來源：財經 M 平方

台灣加權指數與領先指標

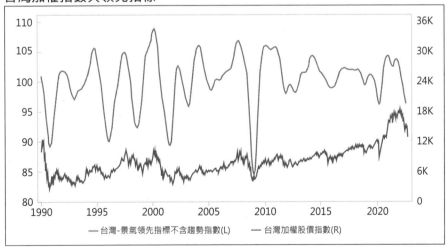

資料來源：財經 M 平方

國安基金歷次進場表現

次數	啟動時間	進場點數	事件	金額	報酬率
1	2000/3/15	8682	台灣第一次政權交替，中國恫嚇	542 億	-92.25%
2	2000/10/2	5805	網路泡沫、以巴衝突油價大漲	1,227 億	18.42%
3	2004/5/19	5860	319 槍擊事件	16 億	218.75%
4	2008/9/19	5642	2008 年金融海嘯	600 億	53.21%
5	2011/12/20	6966	歐洲主權債務危機	424 億	8.73%
6	2015/8/25	7676	亞洲多國競爭性貶值	196.58 億	6.16%
7	2020/3/19	8681	新冠疫情爆發、油價暴跌	7.56 億	34.1%
8	2022/7/13	13951	俄烏戰爭推升通膨、美國聯準會加速升息		

資料來源：維基百科

❸ 不同周期間的大類資產配置：美林時鐘的應用

美林時鐘利用經濟增速的變化與物價增速的變化，將市場環境分為過熱、停滯性通膨、再通膨、復甦四個象限，分別有對應的大類資產與行業配置。

- 過熱階段（overheat）
  可投資資產類別：大宗商品、工業類股

位於第一象限（右上），對應的環境特徵是通膨成長逐步加速（位於平均以上）與經濟成長由強轉弱階段（位於平均以上）。這個階段初期各項經濟指標保持強勁，持續走強的投資與需求帶動商品價格上升，商品價格上升又強化了通膨預期，企業增加庫存準備因應物價上

美林時鐘循環四象限

資料來源：ETF 先生－投資理財的第一站

漲預期；階段後期央行多會採取升息手段阻止通膨惡化，同時，過高的物價開始抑制零售及地產等消費活動，儘管經濟活動成長放緩，但仍處於成長階段。

大類資產方面，大宗商品表現最好，主要因為終端需求成長過於強勁，帶動製造業景氣維持高檔，進一步增加對工業金屬需求，而供給往往無法短期內大幅擴產，導致供不應求，工業金屬價格走高，此階段股價表現會優於能源。

股市產業方面，製造業受惠於需求強勁帶動，新訂單及生產皆處於高峰，企業持續增加設備投資，新產能開出又帶動業績增速加快。因此，以製造業為代表的工業類股表現也較好。

- 停滯性通膨（stagflation）
  可投資資產類別：現金、公用事業、消費必需品、能源

　　位於第四象限（右下），對應的環境特徵是通膨增速開始放緩（位於平均以上）與經濟成長走向衰退（位於平均以下）階段。這個階段初期的物價上升已經開始侵蝕企業利潤，企業透過提高售價轉嫁成本上漲壓力；由於消費者薪資上漲速度落後於物價上升，消費者開始有計畫縮減消費支出。最終，企業面臨商品庫存過多，一方面開始降價去庫存，一方面開始減少雇員以節省費用。

　　大類資產方面，隨著企業獲利預期轉差，股票表現不佳；升息考驗企業還款能力，債券表現也不好，高收益債券衝擊更大。儘管購買力受到通膨侵蝕，但現金還是相對較好選擇。

　　股市方面，當市場轉趨悲觀時，確定性比成長性更重要，因此，防禦性族群如醫藥、電信、公共事業表現最好。而此時的原物料行業，工業金屬在景氣下行時期，受到製造業生產活動下降會跟著下跌；但能源因為更多消費屬性，對煤炭、石油需求不會下降太多，加上這類族群通常股息率也高，因此，可以歸類在防禦性資產。

　　還有一個行業也相對抗跌，就是可以順利漲價轉嫁成本的消費必需品，比方說牛奶、衛生紙等，由於單價低、重複消費屬性強，在價格上漲時，消費者接受度也較高。

- 通貨再膨脹（reflation）
  可投資資產類別：債券、非必需消費、金融

　　位於第三象限（左下），對應的環境特徵是通膨增速持續走弱（位於平均以下）與經濟成長走向復甦（位於平均以下）階段。這個階段初期景氣處於低谷，消費者對經濟前景悲觀，導致需求嚴重不足，原

物料價格大跌，物價持續下滑甚至出現通縮。這時政府會加大財政刺激提升社會總需求，採用寬鬆貨幣政策及提供信用擔保，維持企業融資需求。最終，在政府強力介入之下，市場對經濟預期開始逐步好轉。

　　大類資產方面，此時企業經營能力跌落低谷，加上市場對前景信心低迷，股票表現不佳；但央行降低短期利率刺激經濟，會帶動債券收益率下降、債券價格上升。

　　股市產業方面，對經濟前景仍不明朗之下，醫藥及必需消費等確定性較強族群仍有表現。此外，受到大宗商品價格暴跌影響，非必需消費如汽車、家電也會出現反彈，反映成本端壓力減輕，預期利潤率改善。此外，金融股由於政府強行介入，信貸市場逐步回溫，各項經營業務恢復，上漲更多來自於信心恢復。

- **復甦**（recovery）
  可投資資產類別：股票、科技股、非必需消費

　　位於第二象限（左上），對應的環境特徵是通膨增速開始溫和回升（位於平均以下）與經濟成長走向繁榮（位於平均以上）階段。這個階段初期景氣處於低谷，消費者對經濟前景悲觀，導致需求嚴重不足，但在政府加大財政刺激之下，社會總需求開始出現改善。同時，透過寬鬆貨幣政策及提供信用擔保維持企業融資需求，最終，經濟活動開始恢復生機，並逐步進入繁榮。

　　大類資產方面，股票表現最好，此時物價處於低點，寬鬆貨幣政策不急著退出，加上景氣逐步回溫，企業獲利前景改善，對股票資產環境最為友善。有流動性支持又有基本面改善，企業此階段估值及業績雙重回升帶動股價上漲，一般稱為金髮女孩（Golden Girl）時期。

　　股市產業方面，當市場逐漸轉趨樂觀時，成長性比確定性重要，

因此，高成長的科技股領跑。同時，消費者在景氣上行及股市上漲之下，消費能力（薪資上升）及消費意願（股市及房市財富效應）雙雙走強，帶動家電、汽車、3C 產品等非必需消費買氣，非必需消費股價上漲來自於需求走強。

4 以 2022 年台灣市場為例

　　人性周期方面，台灣加權指數這次波段高點 18,619 點（2022 年 1 月出現），如果從周線的角度，指數在後續的走勢中已經呈現反彈不過前高、下跌卻破前低的空頭走勢，且大多呈現弱勢反彈格局。2022 年以來，隨著全球通膨居高不下、美國聯準會升息帶動資金回流壓力、半導體庫存修正等負面因素發生，大多數投資人已經意識情勢正在惡化，從指數走勢及情緒心態上都對應著台股已經走過初跌段，來到中期修正階段。

台股自 18,619 高點開始進入空頭走勢

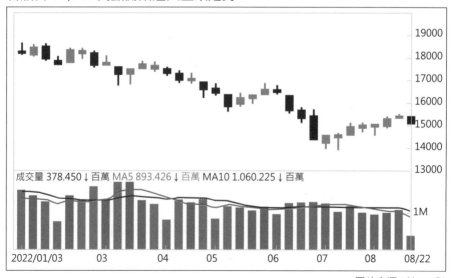

圖片來源：MoneyDJ

從景氣位置來看，當時處於衰退前期階段。一方面央行升息及房價偏高之下，房市呈現價漲量縮狀態，購房心態轉為觀望；若地產庫存持續上升，地產及相關產業可能面臨景氣疑慮、失業率增加。其次，全球有色金屬價格從 2021 年的單邊上漲轉為高檔下跌，也說明市場需求正在放緩，原物料價格失去強力支撐。加上全球 3C 產品因為消費疲軟導致庫存堆積，越來越多消費電子及半導體公司出現業績下修、庫存去化壓力，而電子族群又是台灣產業結構中重要的一環，很難不受產業周期影響。

　　即使不看經濟數據，從疫情後大家也可以發現，閒置招租的街邊店面開始變多，反映經濟活動正在放緩。

台灣電子業出口疲軟，導致庫存堆積

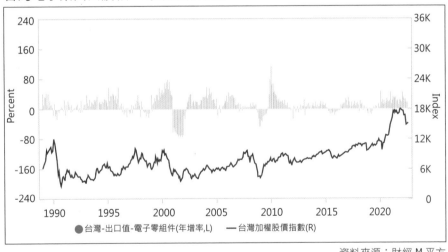

資料來源：財經 M 平方

　　信貸周期方面，當時處於繁榮期後期到衰退前期階段，台灣央行跟隨美國進入升息循環後，五大行庫新承做房貸利率已經由 2022 年

初 1.36％提高到 7 月的 1.7％，有房貸的人大多已經收到銀行利率調升通知，每月償還貸款金額開始增加。根據內政部統計數據，2022年第一季全國房貸負擔率為 38.35％，較上季度增加 0.52％，較 2021年同期增加 1.81％，房價負擔能力處於「略低」等級。

即使如此，儘管 2022 年違約率數據尚未公告，但預計短期變化幅度與 2021 底的 0.08％相比差距不大，主要是當時利率仍處於能力負擔範圍內，且多數人會盡力維持信用紀錄。但如果利率持續上升，最終無法負擔高利率，相關貸款壞帳率將上升。以當時銀行情況來看，尚未開始收緊信貸條件，且壞帳率也沒有顯著增加跡象，顯示信貸端表現仍然穩定。

台灣五大行庫新承做房貸利率持續上升

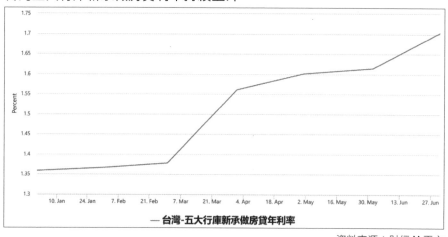

資料來源：財經 M 平方

民眾房貸負擔率逐步攀高，違約率尚未提升

資料來源：財經 M 平方

　　對應到資產配置上，通膨年增率由高檔開始邊際下滑，經濟由繁榮後期走向衰退前期，也就是美林時鐘裡停滯性通膨階段。建議適時提高現金部位，股市布局以防禦性的公用事業、必需消費品為主，能源由於消費屬性較強，加上多屬於高殖利率股票，也會相對表現較好。

第三章

自下而上：
與偉大的公司當朋友

自下而上投資人最大的挑戰在於，如何在茫茫股海中，找到合適的股票。

第一種方式是「加法」，透過不停翻找石頭的方式，或者在自身熟悉的領域裡
發現好公司，每當發現一個合適的標的，就加到投資組合當中。這種做法的缺
點是需要花費大量時間、精力，除非是專業投資者，一般上班族比較難用這種
方式建構投資組合。

第二種方式是「減法」，從量化的角度出發，透過建立投資檢查清單，可以在
數千檔股票中，快速篩掉不適合的標的，將投資標的迅速縮小；然後，再從剩
餘的標的中，找出最優秀的 30 ～ 50 檔股票；最後透過質化的檢查，確認投資
標的品質，包括公司所處的行業是不是一個好行業，公司的競爭優勢為何，給
予股東多少回報及如何實現這些回報。

最後，檢查股價長期走勢，如果各方面都很優秀的公司，但股價長期表現卻不
盡理想，需要再回頭思考是否有哪些遺漏的地方，如果想不明白，可以放進備
選清單中。

🔢 建立投資檢查清單

建立投資檢查清單主要目的有兩個，其一在於剔除不適合投資的
對象，其二在於確認對投資標的了解程度。

初步篩選在於剔除不適合投資的對象，相當於風險排除，就像航
空機師會有飛行前檢查，確保起飛前主要儀表運作正常，降低航程中
發生問題的機率。投資也是一樣，當投資人確認投資標的都能符合重

要標準時，就能提高投資的勝率，相當於「勝而後求戰」。

　　進階篩選在於確認對投資標的了解程度，更多屬於質化分析，比如公司的商業模式、對下游客戶及上游供應商的關係、財務紀律、所屬的行業特性、抗通膨的能力，管理層能力等，藉此進一步區分平庸與卓越的公司。

▪ 初步篩選：那些你不會碰的公司

　　當我們認為一家公司是良好的投資標的時，正面表列清單會描述好公司應該長什麼樣子，負面表列清單則說明什麼條件下不是好公司，前者是加分項目，後者是扣分項目。投資人必須更加重視負面表列清單，這些原則是投資決策時的底線思維，當把投資標的分為可以投資、不確定、不能投資三類時，負面清單便是確認那些你不會碰的公司。投資人可以選擇所投資市場的基準指數成份股做為初始的股票池，如中國可以選擇滬深 300 指數、台股可以選擇加權指數、美股可以選擇標普 500 指數。

初步篩選》負面表列清單

分類	項目
公司情況	公司市值排序落在市場後 1／3
	首次公開發行（IPO）不到一年的公司
獲利能力	股東權益報酬率（ROE）低於 15%
	投入資本報酬率（ROIC）低於 10%
	淨利常年處於虧損的公司
償債能力	利息保障倍數低於 10 倍
	負債率超 50%
	速動比率小於 1 倍
經營能力	商譽占總資產比重超過 10%
	現金轉換周期（CCC）常年高於 120 天
現金流量	經營現金流量常年低於淨利 70%
	自由現金流量常年為負
	融資現金流量常年為正

資料來源：作者整理

公司市值排序落在市場後 1/3

　　市值排序落後的公司有幾個風險，一是該公司可能是處於發展初期的新興行業，成長速度快是因為基期很低，但產品、商業模式還處於創新摸索階段，競爭格局分散不穩定，當下的明日之星往往最後什麼都不是，投資這種公司相當於買彩票，有很大的運氣成份。二是市值小公司表示市場關注度較差，主流券商也很少覆蓋，一般投資人很難掌握公司基本面變化，在財務上做小動作的公司也相對較多。三是容易造成流動性風險，當股市大幅下跌時，投資人會優先承接確定性較高的大型股，小型股很容易出現連續跌停賣不掉的情況。

最後，小型股由於成交量偏低，容易成為主力操縱的對象，市場上會出現沒有特殊利多，股價卻連續漲停的股票，大多也是屬於這類型公司，追高進場很容易血本無歸。因此，從量化的角度，我會直接排除小市值的公司。

但並不是說所有中小市值公司都不值得投資，只要對於基本面研究夠深入，對公司發展夠有自信，還是可以將其納入投資組合。因為有些利基型的產業，行業產值不大，但商業模式、競爭格局發展都已經穩定，獲利能力也很好，屬於小而美的公司。

首次公開發行（IPO）不到一年的公司

公司成立之後，依照發展的不同階段，前期引入風險投資（Venture Capital, VC）提供發展資金支持，後期則引入私募股權（Private Equity, PE）為上市做準備。因此，這些機構在公司上市之前透過參與數輪融資，從中取得較低的股權成本，並在公司上市後退出套現，以獲得豐厚的投資回報。

為了讓包含創始管理層在內的原始股東取得更高投資報酬率，首次公開發行公司拉抬股價的動機也比較強烈。通常會選擇在市場行情較好的時候上市，透過路演活動（說明會）、主流券商推薦、媒體曝光提高市場關注度，使原本 80 分的公司瞬間有了 100 分顏值，合理化偏高的公開發行價格。

其次，亮眼的財報數字也有利於提高發行價格，因此在上市前幾年，管理層會致力提高公司每股盈餘，包含利用訂單集中交付、縮減費用支出等非常態方式達成。一旦公司完成上市，後續沒有拉抬業績的需求，公司還是那家 80 分的公司，股價自然會下跌。

此外，首次公開發行公司慣例上都會有蜜月行情，這也是很多投

資人會參與上市前抽籤，或者一上市就追高買入的原因。但追高進場往往容易套牢在高點，而且公司成立時間較短，可供查閱年份的經營資料有限，風險相對較高。

股東權益報酬率低於 15%、投入資本報酬率低於 10%

這是企業獲利的衡量指標。企業的獲利能力長期會反映在股票走勢上，如果買進價格合理，股東權益報酬率（Return On Equity, ROE）可視為投資人長期的股價報酬率。我喜歡 ROE 超過 15% 的公司，優秀的公司甚至可以達到 25%～30% 或更高。

> 股東權益報酬率＝淨利潤／股東權益＝（淨利潤／營收）×（營收／總資產）×（總資產／股東權益）＝淨利率 × 總資產周轉率 × 權益乘數
>
> 權益乘數＝（總資產／股東權益）＝
> （負債＋股東權益）／股東權益＝ 1＋（負債／股東權益）

ROE 與淨利率、總資產周轉率、權益乘數存在正向關係。因此，ROE 較高的企業一般有幾類，一是淨利率與總資產周轉率雙高，如化妝品；二是較高的淨利率、較低的總資產周轉率，如奢侈品；三是較低的淨利率、較高的總資產周轉率，如零售賣場；四是高權益乘數，這是投資人要留意的，權益成數相當於財務槓桿，同樣是 ROE 15% 的兩家公司，是透過高負債率還是低負債率達成，代表企業的經營品質也截然不同。

投入資本報酬率（Return On Investment Capital, ROIC）衡量與營運相關資本投入創造獲利的能力。主要用於製造業等固定資產比重較高的行業，這些行業需要大量資本投入產生利潤。因此，對於以變動

成本為主的行業，如軟體業（生產成本主要是人）或金融業就不適用。

　　ROIC 越高，代表企業賺錢效率越高，如果將盈餘再投入擴充生產，就能夠為企業創造長期良好的股東回報。一般優秀的公司 ROIC 可以達到 10％以上，但不同行業的平均值差異也較大，因此，10％只是一個門檻，還要對比行業平均，才能判斷公司表現是否優異。

　　印鈔機級別的行業 ROIC 往往超越 20％，如醫藥（化學藥、醫療器械、醫療連鎖、疫苗）、消費（高端白酒、奢侈品、免稅）、部分電子及機械等行業；其次為 10％～ 20％區間行業，比方食品、家電、消費性電子、藥房、汽車零部件等；低於 10％包含整車、交通運輸、快遞、電信、基礎建設、公共事業等。

投入資本報酬率（ROIC）＝經營利潤 ×（1 －稅率）／投入資本

經營利潤（EBIT）：考慮排除非經常性科目影響，如重組與減損費用、無形資產攤銷費用。

投入資本＝總資產－超額現金－累積攤銷折舊－商譽或其他無形資產（媒體除外）＋ 隱藏負債（如租賃契約等）－應付款

　　由上述公式可以看出，提高 ROIC 的方法有兩個，一是提升獲利能力，二是提高投入資本使用效率，比方提高存貨及應收帳款管理效率，降低存貨留在貨倉時間、加快回收應收帳款，都可以加速回籠帳上現金，提升資本使用效率。

　　使用 ROIC 要注意的是，投入資本（分母端）數值越低，ROIC 越高。舉例來說，當企業廠房累計折舊較多時，會導致投入資本金額降低，使 ROIC 變高。而在新廠房剛投入使用時，由於折舊尚未發生，導致投入資本金額較高，ROIC 就會較低。這意味處於快速成長的企

業，相較成熟企業需要投入較多資本支出，ROIC 數字也會偏低，投資人可以適度放鬆成長股 ROIC 的門檻。

無論是 ROE 還是 ROIC，皆不適用於獲利周期波動很大的行業，如航運、原物料等，因為這些行業的獲利波動主要取決於經濟周期表現。此外，只要是財務比率相關的數據，建議投資人都要觀察連續 4〜5 年的數字，以排除某一年出現的特殊情況。更重要的是數字的變化**趨勢**，每況愈下的**趨勢**要了解是什麼原因，不然跌破篩選門檻也只是時間問題。

淨利常年處於虧損的公司

誰會喜歡常常虧錢的公司呢？這種公司要不是處於發展初期的行業，以獲取市占率為目標，或是建立競爭優勢的過程，導致費用投入遠遠超過可賺取的營業利潤，就是所處的行業競爭壓力較大、周期性顯著、門檻較低的行業。前者是投資人仍可以考慮的標的，但任何大牛股最終都必須證明能夠產生利潤，如果沒有把握，那麼即使等到公司開始賺錢再買進，也不會太遲。

利息保障倍數低於 10 倍

財務費用一般為公司需償還債務的利息費用，如果一家公司需償還的利息占營業利潤比重過高，那就相當於給債權人打工，面對經營困境時也容易發生危機。因此，我會剔除財務費用占比過高的公司，也可與資產負債表的數據相互印證。

> 利息保障倍數＝營業利潤／利息

負債率超 50%、速動比率小於 1 倍

除了金融行業，我會傾向排除負債率超過 50%、現金及存款無法覆蓋短期負債（一年內到期）的公司。債務較重的公司在利率上升時期，會面臨較高的利息償還壓力，並在經營逆風時會放大營運風險。因此，越是經營周期波動比較大的行業，就要提高償債比率。一旦企業現金無法覆蓋短期負債時，經營現金流量又為負數，代表現金流入不敷出，就需要對外融資，尤其在經濟下行周期，銀行貸款條件趨嚴，更容易發生周轉不靈的現象。

此外，投資人也可以參考速動比率與淨負債比率指標。速動比率與流動比率的差異在於前者剔除變現能力較差的存貨，屬於更嚴格的償債指標，兩者皆須超過 1 倍。淨負債比率則是衡量企業的財務槓桿率，因為資產是負債與股東權益總和，當系統性風險發生時，如果資產價值大幅下跌，對應的是股東權益同步減少，債務依然一分不少，這就會導致企業必須增資來擴大股東權益，不然很可能倒閉。因此，像銀行、保險這一類高槓桿的行業，就必須更注重管理層風險控制能力，寧可穩健一點，也不要積極進取。

流動比率＝流動資產／流動負債＝（現金＋存款＋應收帳款＋存貨）／（短期負債＋應付帳款）

速動比率＝流動資產／流動負債＝（現金＋存款＋應收帳款）／（短期負債＋應付帳款）

淨負債比率＝（短期貸款＋長期貸款－現金及存款）／股東權益

商譽占總資產比重超過 10%

商譽為企業在購併時支付標的公司超過淨值的部分，而這些商譽

需要做定期測試，如果標的公司表現不如預期，則存在商譽減值風險，減值金額會認列在當期的損益表，造成公司淨利大幅波動。

當一家公司的商譽占總資產比重過高時，說明公司的資產虛胖，通常代表公司熱衷於購併活動，又或者給予目標公司過高溢價，未來減值風險也較高。因此，我會剔除商譽占總資產比重超過 10％ 的公司。這麼做可能無法避免單一購併支付過高溢價的問題，但可以排除熱衷購併勝過於專注本業的公司。

現金轉換周期高於 120 天

該指標主要衡量企業現金回籠效率，也代表企業需要準備多少天的周轉金以應付經營所需。由於存貨需要交付客戶手上、應收帳款需要收回才能變成現金，因此，存貨周轉天數及應收帳款周轉天數越低越好。不同行業的均值也會因為行業特性存在顯著差異，比如零售行業，貨品結帳只會收取現金或刷卡，因此應收帳款天數很低；但如果做政府生意，像是軍工、基礎建設行業，由於政府審批及請款等行政流程較長，應收帳款天數甚至會達到半年以上。

應付帳款則是企業向上游供應商購買原材料需要支付的款項，應付帳款天數越長，代表公司支付上游供應商款項帳期較長，等於變相增加帳上可用現金。因此，我會優先挑選應付帳款天數高於應收帳款天數的公司。此外，對於現金轉換周期多少才合理，我以 120 天（4 個月）做為篩選門檻，投資人也可以依照行業不同自行斟酌。

現金轉換周期（Cash Conversion Cycle ,CCC）＝存貨周轉天數＋應收帳款周轉天數－應付帳款周轉天數。為衡量公司由付出現金，到收回現金需要的平均時間。

經營現金流量常年低於淨利 70%、自由現金流量常年為負、融資現金流量常年為正

對一家公司來說，穩定的經營現金流量比獲利數字更重要。經營現金流量較差的公司，對於上下游議價能力較弱，以致現金回收的期限較長；也可能存在財務美化的疑慮，企業透過財務技巧容易誇大淨利潤，但比較難在現金流上動手腳。

現金流量與淨利差異較大的公司，需要關注財務狀況，這種公司面臨籌資需求的可能性較高，發行公司債或者向銀行借款會增加財務負擔，發行新股籌資則會稀釋股東權益。因此，優秀的公司經營現金流量通常與淨利潤相匹配，甚至更高。

企業的經營現金流量在支付資本支出後，若還有餘裕，就成為自由現金流量，這是企業可以自由運用的現金利潤，除了發放股息、回購股票來回饋股東，也可以再投入高投資報酬率的事業中。因此，當自由現金流量為正數時，通常代表企業有足夠的造血能力支持成長，這是最便宜的資金來源，成長也更可靠。

融資現金流量常年為正，代表企業於會計期間內向股東或是銀行籌措資金，對比經常籌措資金的企業，能夠自力更生的企業更能夠實現股東回饋，幫股東累積財富。

▪ **進階篩選：如何選擇優秀標的**

透過回答投資檢查清單上的問題，可以讓投資人明白對於投資對象的理解程度。接下來，需要確認公司的商業模式，並從上游供應商、下游客戶角度去看公司的核心競爭力。公司如何提供產品及服務價值，行業的競爭格局與成長性，公司的財務指標是否反映競爭優勢、是否具備財務紀律，公司如何應對通膨環境，以及管理階層是否優秀。

進階篩選》正面表列清單

分類	項目
確認商業模式	能夠簡單描述
	可以在不同地區複製，甚至進行海外擴張
	主要成長來自內生動能，而不是外部購併
	不為了成長實施激進的擴張策略
提供客戶 何種價值	站在客戶立場，公司提供客戶何種價值
	對客戶來說是獨一無二的產品，不是眾多選擇中的一個
	對於消費產品或服務公司，能夠有精神層面的附加價值
	客戶結構較為分散
	客戶留存率較高
	應收帳款天數與同業相比較短
	面對通膨環境可以適時轉嫁成本
供應鏈管理能力	對單一供應商依賴程度較低
	應付帳款天數與同業相比較長
行業競爭與發展	公司所屬的行業賺錢相對容易
	競爭格局穩定，而不是激烈
	行業前景具有未來性
	在產業鏈中處於強勢位置
	受景氣循環的影響較小
	潛在的風險為何
面對通膨環境	具備足夠產品訂價權
	有能力降低成本
	具備輕資產特徵
管理階層	更重視公司長期戰略，而不是短期業績表現
	景氣逆風時，願意犧牲部分利益，與供應商共體時艱
	經營困難時，優先選擇凍結薪資，而不是解雇員工
	創辦人沒有財務及重大經營操守瑕疵
	財富主要來自於公司股權，而非薪資

資料來源：作者整理

確認商業模式

簡單描述公司的商業模式,包含銷售何種產品、如何銷售、解決客戶什麼問題、商業模式存在什麼優點與風險,越複雜的公司往往不容易理解,我會選擇放棄。

商業模式是否可以在不同地區複製?舉例來說,一家初具口碑的餐廳,如果可以在其他城市也取得成績,說明菜單能夠符合不同口味的人群,業績的天花板就會從一個城市提高到全國縣市;如果還能夠進軍海外,讓不同飲食文化的消費者取得認同,則成長的空間更大。因此,能夠不斷複製、調整,適應環境的企業,商業價值越高。

我喜歡有能力進軍海外市場的公司,但各國的市場法規、經營環境與本國差異較大,公司產品及商業模式是否依舊有競爭力?可能面臨額外的經營風險是什麼?成長空間有多大?受到外匯變動影響如何?這些都是投資人要考慮的問題。

公司主要成長來自不斷購併,還是內生增長?投資人應追求以內生增長為主要動能的公司,這類公司多專注於本業,思考如何在優勢領域裡做得最好,也較能重視股東價值。

而大多數不斷購併的公司,往往目標是讓公司變得更大,而不是經營能力的提升。尤其是購併不同行業的公司,往往不能帶來經營綜效,有句話說隔行如隔山,一個公司貿然進入新的競爭領域通常會讓經營風險增加,學習成本、管理成本陡增,公司價值也不容易評估。

因此,購併活動應該基於公司本業延伸,如擴充產品線,可以讓同一客戶購買更多所需產品;或是銷售管道的互補,讓公司產品進入新的銷售地區等。

對於服務型企業來說，擴張速度是否太快？公司為了短期內快速奪取市占率，可能會採取激進的擴張策略，利用過度融資來支持超過能力的展店目標，讓公司財務在經營逆境時面臨巨大風險。同時也會造成管理半徑過長，服務配套和人才培養跟不上擴張速度，導致終端資深管理人才不足。一旦發生品質管理相關問題，最終損害的是公司名聲。

中國火鍋餐飲公司「海底撈」自 2018 年上市以來，奉行快速擴張策略，導致管理能力跟不上展店速度，常被媒體爆出食品安全疑慮，快速大量展店不僅導致成本成長過快，上市時引以為傲的高翻桌率也快速下滑，導致淨利節節走低。

2020 年爆發的新冠疫情，更使得處境雪上加霜，並在 2021 年出現巨額虧損，讓管理層下定決心實施變革，同年底推出啄木鳥計畫，包含關閉部分門市、改進門市管理體系、完善員工培訓等措施，從過去追求量的提升，重新回到質的提升。

海底撈主要經營數據（港幣）

	稅後淨利	淨利年增率（％）	翻桌率	全球門市數	新開門市數
2018 年	16.5 億	60.0	5.0 次／天	422 家	149 家
2019 年	23.4 億	42.4	4.8 次／天	754 家	332 家
2020 年	3.1 億	-86.8	3.5 次／天	1,298 家	544 家
2021 年	-41.6 億		3.0 次／天	1,443 家	145 家

資料來源：海底撈財報

提供客戶何種價值

你看獅子是動物，牠看我們是獵物，換位思考往往會得到不同答

案，這點在投資裡很重要。一家蘋果概念股 B 公司，其來自蘋果公司的營收可能超過 50％，但蘋果公司對 B 公司該產品採購比重可能只有 10％。因此，兩者相互依賴程度有著天壤之別，B 公司業績成長極度依賴蘋果公司，蘋果公司卻可隨時替換 B 公司的產品，也就是說，B 公司最大的風險，在於未來有很高的機率被其他競爭對手取代。

站在客戶立場，客戶對公司採購占比是否足夠高？投資人要釐清客戶對公司的黏著度，一旦客戶的選擇越有限，公司的價值就越高，能提供獨一無二的產品和服務，就有能讓客戶離不開的本事。了解公司解決客戶什麼問題很重要，比如台積電，能夠提供 IC 設計業者最先進的晶圓代工製程，市場上沒有競爭對手可以做得跟台積電一樣好，這也包含客戶本身。因此，台積電做好了客戶和競爭對手都做不來的事，就產生了獨一無二的價值。

公司販售產品或服務，有沒有附加精神層面的價值？一個有生命力的產品或服務，消費者容易產生強烈的品牌認同，進而增加黏性，這是很多大品牌歷久不衰的關鍵。例如星巴克賣的不只是咖啡，而是體驗。隨著消費者對於咖啡文化的認識，大量手做烘培咖啡店興起，星巴克使用的咖啡豆及烘培方式並不是特別突出，但由於其營造的咖啡環境氛圍，讓星巴克成為家裡與工作地點之外的第三個社交場合，多數人在與朋友聊天、業務洽談時，會下意識尋找附近的星巴克。

回到公司本身，客戶是集中還是分散？核心客戶越集中，越要重視關係維護，公司的產品議價能力也較差。由於單一客戶對公司營收占比高，客戶本身景氣好壞也會對公司業績產生重大影響。

比方像蘋果概念股，很多公司核心技術門檻並不高，且營運成長過度依賴於蘋果，優點是蘋果發表新產品的時候，往往能帶動供應鏈

業績大幅成長；但缺點在於，這類公司產品議價能力很差，加上蘋果以擅長供應鏈管理著稱，供應鏈公司除了要投入研發爭取供應下一款機型，還要接受蘋果近乎完美的要求，承擔較高生產成本，最終，淨利潤率甚至不到 10％。這種看人臉色賺辛苦錢的模式，也是近幾年很多台廠開始去蘋果化的原因。因此，客戶分散度越高，越能降低單一客戶經營風險，業績穩定性、產品議價能力也會較好。

客戶留存率如何？偏向會員制或訂閱制服務的公司，客戶留存率較高，因此其銷售不是建立在新產品，而是前一年度營收的某個百分比上繼續成長。身為 Costco 賣場會員的一員，相信很多人都感同身受，每年看到信用卡帳單扣款才知道又自動續約了一年，其他還包含 Netflix 的影音串流會員制、亞馬遜的 prime 會員、雜誌類（《商業周刊》、《天下》雜誌）、綁定專用耗材的設備商（如醫療發光檢測機器及試劑、商用印表機及墨水耗材等）、酒店特許經營收入、雲端存儲服務等。這類商業模式的公司，通常業績可預測性較高，客戶取得成本較低。

除此之外，滿意度較高的公司，客戶的重複購買率也較高，當研究電子商務公司的時候，需要留意上一季客戶留存率、客戶取得成本變化等相關訊息，再跟同業比較，就可以排除宏觀因素，知道公司相對表現是好或差。

對應財務指標方面，可以觀察企業應收帳款天數，該比率用來評估對下游客戶的收款能力。正常情況下，公司對下游客戶先出貨而後收款，因此產生應收帳款。帳期依行業特性而有差異，如零售行業帳期通常在 3 個月以內，但對象是政府的基礎建設、軍工行業，則需要半年以上。投資人在判斷應收帳款能力時，應以行業平均為標準，應收帳款天數低於行業平均則表現優秀，公司從客戶端收回貨款的時間

越短、資金管理效率越高,最強勢的企業甚至要求客戶先款後貨,形成較高的預付款項。

此外,面對通膨的時候,以大宗商品為主的製造業者,必須衡量是否有能力進行轉嫁,是部分轉嫁、等額轉嫁,還是超額轉嫁,這會體現在毛利率是下降、持平,還是逆勢走高。我喜歡在通膨時期,毛利率至少持平或上揚的公司。一般來說,零售業者往往在通膨時期漲價,並在通膨後維持該價格,這會帶動長期毛利率提升。

供應鏈管理能力是否優秀

優秀製造業的議價能力除了體現在對下游客戶外,也會體現在對上游供應商。當 A 公司只有單一供應商時,議價能力相對較差;如果同時有數個供應商,則可挑選報價最低的供應商,議價能力也較好。如果 A 企業對單一供應商訂單金額占其營收比重較高,則該供應商對 A 企業依賴程度越高,代表 A 企業議價能力越強。

如果公司上游供應商是大宗商品,或是僅賺取固定加工費的廠商,則在通膨上升時期,對於上游供應商議價能力就會偏弱。此時,要看對於下游客戶的轉嫁能力,才能減少公司利潤率受到的傷害。

對應財務指標方面,可以觀察企業應付帳款天數,該比率用來評估對上游供應商的占款能力,正常情況下,上游供應商先發貨而後收款,因此產生應付帳款。應付帳款天數越高,表示公司付給上游供應商的貨款時間越長,代表公司運營資金可以停留在內部較長時間,有助於提高資金管理效率。

行業競爭與發展性如何

公司所屬的行業賺錢容易還是困難?有些行業賺錢很容易,有些

卻是長期虧損。賺錢相對容易的行業，就算選到平庸的公司，結局也不會太差；相反的，賺錢相對辛苦的行業，只有少數幾家公司能賺到錢，這對投資人來說相當於百裡挑一，難度較高也容易出錯。

觀察一個行業賺錢的難易度，一看行業周期低谷時，多少比重的公司可以獲利，是多數公司都能維持獲利，還是只有龍頭公司才能賺到錢；二看利潤率表現，賺錢容易的行業，其毛利率及淨利率一般都較高，主要體現在剛性需求或是供給端受限的行業，如白酒、醫藥、機場、交易所等。

行業的競爭格局穩定還是激烈？快速成長階段的行業，競爭通常不太激烈，此時行業產值高速成長，足以容納更多的競爭對手。不過，一旦成長放緩，幾乎可以確定會發生殘酷的價格戰，以不計虧損的方式搶奪市占率，促進行業加速洗牌。最後，只有少數成本最低的公司能夠存活，這些公司將瓜分退出者所留下的市場，形成行業的二八效應，也就是少數公司賺取大多數市場利潤。當剩餘的公司無法相互取代時，行業格局就會趨於穩定，競爭也會相對理性，甚至不排除在業績訴求共識下，帶動利潤率上升。

行業的前景是否具備未來性？業績成長性較強的行業，往往受到新技術或新產品推出帶動，其產品周期處於滲透率快速提高的階段，當滲透率跨過 20％～ 25％臨界點後，接下來滲透率提升會開始加快。此階段行業的業績往往呈現高成長，不斷超出分析師預期，也較容易吸引資本市場目光。

此外，能夠長期穩定成長的行業，也是投資人應該關注的標的，如人均所得提升到一定程度後，會帶動消費升級趨勢，生活必需品占比會下降；但其他可選消費、輕奢消費、高端消費都會長期走強，這也是為什麼消費行業長期容易跑出大牛股的原因。

所屬行業在供應鏈中處於什麼位置？可以觀察應收帳款天數與應付帳款天數。一家公司向上游進口原料加工後出售給下游客戶的過程中，對上游進口商會產生應付帳款，對下游客戶會產生應收帳款。

　　而公司所處產業鏈中議價能力較好的環節時，對上游議價能力較強將導致應付帳款天數較長，代表公司對供應商取得較長的付款期限；對下游議價能力較強將導致應收帳款天數較短，代表公司對下游客戶要求盡快付款。

　　因此，對上下游議價能力較好的公司，企業越能產生強勁的自由現金流，自由現金流可供企業投資於高獲利率的項目，這類公司在產業鏈中處於強勢環節，成本轉嫁能力也較強。

　　所屬行業受景氣循環的影響為何？判斷一個行業受景氣影響的程度，主要在於消費者多大程度延遲消費決策。明顯景氣循環的行業，消費者通常會在景氣下行時遞延消費，因此，這類行業長期獲利難以預測，且營運高峰與低谷的業績落差很大，如 3C 產品、汽車、家電、裝修等行業，其特點是消費金額較高，且需求性不急迫，投資人在周期高峰買入出現虧損的機率很高。

　　其次，周期性不明顯的行業，大多具備一定程度剛性需求屬性，這類行業在景氣衰退時，消費者購買數量會減少，但不會完全遞延消費，多數消費必需品都屬於這類，如牛奶、調味品、保險等行業，其獲利穩定性較高。

　　第三種是逆景氣循環的行業，這類行業在景氣下行時需求反而走強，如折扣店、教育等。最後，不受景氣影響的行業，主要包含剛性需求行業（醫療、殯葬）、容易上癮行業（菸、酒）、獨立周期（生豬周期）。

總結具備對抗景氣衰退的行業特性，包含產品消費預算較低、較強的剛性需求、容易產生上癮、經常性收入占比較高的行業。

潛在的風險為何？試著回答行業潛在的風險因素，有助於當實際風險發生時，果斷採取相關動作。舉例來說，風險因素可能是景氣下滑、通膨升溫、新技術出現、政策監管風險。景氣下滑時與終端消費相關的產業將面臨需求及訂單減少；高固定資產公司在通膨時期可能面臨困境；技術導向行業在新技術出現後，對於既有贏家可能將重新洗牌；政策監管風險的出現，甚至可能導致商業模式改變。

如何應對通膨環境

通膨通常會導致利率上升，採用（部分）浮動利率債務企業會增加利息費用，原物料、勞工薪資成本增加則會拖累經營利潤。

抗通膨的企業特徵包含：

1. 企業是否具備足夠產品訂價權，能否將成本上漲壓力順利轉嫁給客戶，甚至超額轉嫁。如果企業在通膨環境下，毛利率表現持平甚至上升，且漲價不影響銷售量，則公司經營存在一定的訂價權。

2. 企業是否有能力降低成本。有些企業在上游原物料通膨高漲時期，會透過入股、合作或向上整合取得原物料供應保障。如車用動力電池龍頭寧德時代，就入股了洛陽鉬業，雙方合作建設剛果 KFM 開發項目，未來達產後年平均新增 9 萬噸銅和 3 萬噸鈷；此外，還與天華超淨共同投資設立天宜鋰業，規劃建設 4 萬噸鋰電材料，一方面確保原物料供應順暢，一方面降低生產成本。

3. 企業是否具備輕資產特徵。重資產特徵的公司（固定成本較高）需要持續投入較高資本，支撐營運成長，這會導致在通膨環境下，更

新設備、廠房需要比過往花費更多錢，增加公司財務成本。相反的，輕資產特徵的公司，主要成本來自於變動成本，如軟體業者工程師薪資成本為主要營運成本，因此，在通膨上升時期，可以減少聘雇、暫緩調薪來降低成本，成本控制上相較重資產企業更為彈性。其他輕資產模式包含特許經營權銷售（如飯店）、仲介業者（如房仲）。

觀察管理階層

　　大公司看文化制度，小公司看創辦人。大公司經過長時間發展後，早已過了高速成長時期，守成與穩定是比較重要的，透過完整的組織架構、企業文化、激勵制度，可以讓企業穩定發展，制度的重要性優先於創辦人個人魅力。中小企業的老闆多屬於開拓型人格，敢打敢拚，主導草創時期到快速成長階段的重要營運決策。由於公司成立時間短，企業文化尚在發展，需要因應各時期發展調整組織架構，創辦人個人魅力重要性高於制度完整性。

　　評估管理層並不容易，因為投資人少有管道可以接觸，但對於外向型的領導人來說，這些大老闆常在媒體上露面，投資人多少可以從中了解領導人風格及價值觀。當談及公司運營方向時，更常提到公司長期戰略規畫或是下一季度的業績表現，專注於長遠發展的老闆，企業方向大致不會走偏；當景氣逆風時，對於供應商是願意共體時艱還是強勢成本轉嫁；遇到經營困難時，是優先選擇減薪還是解雇員工等。

　　江山易改，本性難移。發生重大經營瑕疵問題的公司，其創辦人或核心高層所屬的其他事業體，建議投資人也避開。如樂視網 2021 年 4 月公告，收到中國證券監督管理委員會北京監管局「行政處罰決定書」，指出該公司在 2007 至 2016 年連續 10 年財務造假，被罰款人民幣 2.4 億元；樂視網創辦人賈耀亭 2014 年在美國創立法拉第未來，

2021 年在那斯達克借殼上市，賈躍亭身為法拉第未來公司的執行長，投資人就要慎重考慮是否投資。

有些公司管理層不領薪資或是象徵性領 1 元薪水，如特斯拉（Tesla）的馬斯克、鴻海的郭台銘，這類低薪資、高股權的高層，會基於長期導向制訂運營方向。簡單說，當執行長的身家都是一家公司股權時，公司發展得好，就會帶動長期股價大漲，所創造的財富遠遠超過薪資；如果發展得不好，就會導致長期股價表現低迷，執行長財富自然要大幅縮水。因此，這類執行長至少表明與投資人站在同一陣線，是值得信賴的。

此外，部分公司喜歡推出核心管理層激勵政策，在一定時間內達成條件的管理層，可以用低於市價的價格認購公司股份。而從激勵解鎖條件也可以看出公司管理層誠信，如有些公司設定的門檻並不高，這也會讓投資人認為公司變相圖利管理層。

而激勵的方式也有差別，一般常見的是股票選擇權，也就是說當股價高於選擇權履約價格的時候，管理層可以用較低的履約價格認購股票，再以市價出售賺取價差。

這種方式的缺點在於，可能引導管理層炒高公司股價，更在乎短期內增加每股盈餘，如透過削減費用、購併增加利潤等方式，反而傷害了公司長期發展。較佳的方式在於限制性股票，如果管理層持有公司股權大幅高於薪酬，比較會從公司角度思考發展策略。

之前提到投資人要有獨立思考的習慣，公司的管理階層也是。很多公司往往看到同業的成功，而競相推出同性質高的產品或服務，以致損害到既有商業模式，甚至在環境發生變化時，與其他同業一起蒙受巨額損失。例如台灣 2022 年「防疫保單」事件就是很好的例子，

在保單推出的第一年，受到嚴格防疫政策的影響，前幾家推出的公司賺了錢，進而吸引同業效法；但在全球與病毒共存的趨勢下，導致賠率突然大幅上升，部分公司甚至因為巨虧需變賣資產或增資。

觀察一個管理階層表現最好的時機，是在公司出現危機的時候，管理層積極處理問題、實施回購對股東負責、對於問題坦誠的態度，都有助於投資人對公司增強信心。此外，股價長期表現最好的公司，往往也會全面照顧相關利益群體，包含客戶、供應商及員工。

財報有問題的公司

有些公司會使用財務技巧美化財務報表，使投資人誤以為自己投資的是一家好公司，這些比較難以透過量化分析，如提列一次性費用、刻意減少費用投入、費用資本化等。建議投資人從已初步建立的投資組合中，再詳細觀察財報內容，相關內容會在第六章論述。

➋ 選擇對的行業

選擇好行業對於投資至關重要，對的行業可以讓投資人發揮事半功倍的效果，其關鍵在於行業是否存在長期成長趨勢、是否具備訂價權、競爭格局是否穩定、是否在產業鏈中處於強勢地位。具備以上特性的行業，一方面成長的持續性夠強，一方面能夠轉嫁成本，表現出較優秀的毛利率、淨利率、投入資本報酬率、股東權益報酬率、現金轉換周期，也是相對容易賺錢的行業。

如消費必需品長期受惠於消費升級趨勢，消費者對於乳製品的追求，由營養較低的保久乳轉向更好的低溫鮮奶；調味品由傳統醬油擴散到海鮮醬油、蠔油、水餃醬油等。這些轉變讓行業產值成長持續性得以增強，加上下游是極度分散的消費者，產品單價不高，因此具有

較強訂價權，容易在通膨時期轉嫁額外成本。

從競爭格局來看，龍頭品牌已經具備產品美譽度，形成行業二八效應，不太容易產生價格競爭，且在產業鏈中處於強勢地位，對於下游銷售回款速度快，現金周期表現優秀，行業平均毛利率通常超過20％、淨利率超過10％、投入資本報酬率10％～15％、股東權益報酬率可以達到15％以上，業績抵抗經濟周期波動能力較強。

▪ 選擇好行業事半功倍

如果將市場各個行業長期走勢與基準指數對比，投資人將會發現，某些行業長期跑贏指數，為投資人帶來顯著超額收益；也有一些行業長期股價表現低於基準指數。這說明了，選對行業可以達到事半功倍的效果。即使投資人不選股，而是買入長期表現優秀的行業ETF，長期下來也會表現得比基準指數好。

如何選擇長期跑贏指數的行業？一是從行業的經濟特性出發，哪些行業未來具備成長潛力、行業進入門檻高、容易具備訂價權、競爭格局相對穩定等。二是從政策推動的長期趨勢出發，如太陽能、新能源車、生物科技、半導體等，這些政策推動滲透率由低到高的過程，將會帶動行業維持高速成長，也比較容易創造超額收益。三是從產業鏈各個環節中，思考最終利潤留在誰的手上。

在接下來的環節中，將討論 3 種類型的產業，主要是從行業經濟特性出發。

▪ 3 種類型的行業：印鈔機、老水牛、角子機

投資人在買進一個標的時，必須要先釐清所處行業是不是一門好生意。依據行業為股東創造長期回報的程度，大致可區分為 3 類：

印鈔機：天生比別的行業賺錢，往往一分耕耘，就有三分收獲，長期股價回報往往遠超過大盤指數，為投資人產生超額收益。

老水牛：必須在激烈的競爭中求生存，一分耕耘，才有一分收獲，長期回報可能高於或低於大盤指數，取決於行業競爭格局。

角子機：努力不一定有回報，常常賺 1 年虧 3 年，儘管三分耕耘，卻可能顆粒無收，長期回報則大幅低於大盤指數，因為其長期成長低於經濟表現。

印鈔機：一分耕耘，三分收獲

首先，這類行業必須是具備某種長期成長動能的行業，如在消費升級的大趨勢之下，高端消費、電子商務，會隨著富裕人口及中產階級人口的長期成長而受惠，其背後主要推動力來自於人均所得的提升。其核心必須要找到「長期成長」的概念。

其次，這類的行業都有較高的進入門檻，足以讓新進者望之卻步，如互聯網平台龍頭（阿里巴巴）以核心優勢領域（電子商務）產生的流量優勢向外擴張觸角（文化娛樂、支付、外送），透過新進入或者結盟的方式，不斷豐富平台服務，提高用戶黏性，形成生態系統。因此，新進入者要顛覆既有龍頭，很難找到施力點。

最後，在財務體質上，這類行業能夠自給自足，產生自由現金流量的能力很強，足以進行投資、研發及提供股東回報，不需要對外融資；利潤率表現也很突出，優秀的公司股東權益報酬率（ROE）可以達到 15％以上、毛利率 30％以上、淨利率 20％以上；如果是偏重資產製造業，投入資本報酬率（ROIC）可以達 10％以上。同時，對於上下游地位較為強勢，因此現金轉換周期天數也最短，同時也是整個產業鏈中利潤留存率最高的環節。

哪些行業具備印鈔機的特性？消費必需品、奢侈品、平台型公司、醫藥股、軟體股都是這類公司的搖籃。

印鈔機行業案例

	高端白酒	平台經濟	創新藥	軟體
成長邏輯	消費升級	網路紅利	人口老年化	經濟成長
競爭優勢	品牌溢價	網絡效應	專利	轉換成本
代表公司	貴州茅台	FB*	輝瑞	Adobe
5 年平均 ROE	29.6%	25.6%	24.3%	31.7%
5 年平均 ROIC*	30.0%	非重要指標	9.4%	非重要指標
5 年平均毛利率	91.0%	82.6%	75.9%	86.6%
5 年平均淨利率	51.5%	34.5%	28.6%	30.0%
5 年股價漲幅	554.6%	192.4%	119.5%	450.8%
5 年平均漲幅	45.6%	23.9%	17.0%	40.7%
5 年平均指數漲幅 *	8.3%	16.3%	16.3%	16.3%

ROIC：不適用於輕資產模式行業，如軟體
FB：2022 年股價大跌主要與 Apple 廣告政策有關
5 年平均指 2016/12/31 ～ 2021/12/31
平均指數：中國滬深 300 指數、美股標普 500 指數，皆未含息

資料來源：作者整理

老水牛：一分耕耘，一分收穫

這類型的行業可以分為幾種，一是處於滲透率飽和、成長放慢的行業。這類行業經過前期高成長後，隨著發展成熟，在中後期進入優勝劣汰的階段，最後幾家龍頭公司瓜分絕大多數市場份額。因此，競爭格局也較為穩定，這階段新的競爭對手不容易進入，屬於低成長高門檻的行業，如家電、電信等。

二是在產業鏈中賺取加工費的行業，也是整個鏈條中附加價值較

低的環節。由於產品訂價權掌握在別人手上，業績好壞主要看大客戶終端產品賣得好不好，直接影響這類公司產品加工的數量，但無論如何都只能賺得固定的利潤率。行業公司可能具備一定的進入門檻，因為必須配合客戶進行產品線升級，才能不斷爭取下一代產品訂單，但基本對客戶不具備議價能力，如 3C 產品組裝廠。

三是充分競爭的行業，其特色是所有競爭對手的產品很難造成差異性，因此，價格處於充分競爭狀態。如果產生額外利潤，消費者往往是最大的受惠者，公司只能賺取正常利潤，如汽車業、產險業。

在財務體質上，第一類行業，也就是處於滲透率飽和、成長放慢的行業，最大的缺點在於利潤增速爆發性不高，但是利潤率相對優秀，因為行業趨於穩定，不需要太多資本開支，所以自由現金流量較好。由於具備高進入門檻，因此毛利率、淨利率等指標表現也不錯。

但賺取加工費及競爭激烈的行業就不同了，就算短期能夠產生自由現金流量，但長期須投入更多的資本開支以維持競爭力，因此資產負債表體質相對較弱，往往需要透過銀行貸款、發行企業債、股票質押、股權融資等方式取得資金。

且行業內多數公司利潤率表現差強人意，儘管部分公司 ROE 可以達到 15％以上，但主要來自於高負債率貢獻，毛利率介於 10％～20％、淨利率低於 10％、ROIC 低於 10％。同時，對於上下游地位較為弱勢，因此現金轉換周期天數會較長，不是產業鏈中超額利潤產生的環節。

角子機：三分耕耘，一分收獲

有去過澳門的人大概都玩過角子機，就是那種玩三把可以虧掉兩把，最後把錢留在賭場的遊戲。如果拿來形容產業的表現，相當於賠

本賺吆喝的生意，股價長期跑輸基準指數。這類行業最大的風險是價值陷阱，因為在獲利下降的過程中，估值會被動提高，因此，股價往往沒有最便宜，只有更便宜。

一種是行業不在經濟發展的大趨勢上，如中國在 2008 年以後推行人民幣 4 兆元計畫，帶動當時基礎建設、原物料行業大漲。隨著經濟結構改變，逐步由政府投資（基礎建設）轉移到製造業與消費雙駕馬車拉動；加上當時大量建設使得鐵路網早已完善，在沒有新的建設需求下，這類行業後期增速經常處於負成長，投資人要賺錢很難。

有些行業很大程度靠天吃飯，如傳媒影視、遊戲產業，這兩個行業共通點是產品在推出市場之前，並不能保證熱賣，對公司來說，只有龐大的前期投入是確定的，但最終收益是高度不確定的。因此，長期獲利能力並不穩定，虧損是家常便飯，股價長期表現自然也不好。除非像是米老鼠這種經典作品，因為深植人心，可以創造很多附加價值，像是卡通、電影、周邊飾品、遊樂園等，而且米老鼠不需要支付片酬，但是當紅明星片酬卻高得驚人。

還有一種是周期性很明顯的行業，這類型行業往往跟著經濟大周期走，如航運、原物料，這類行業可以漲一次吃 10 年，也可以跌一次賠 10 年，例如 2008 年次貸泡沫破滅前追高買進的投資人，不停損的話，必須套牢到 2021 年。

在財務體質上，這些行業獲利穩定性並不好，常常在獲利和虧損之間來回擺盪，因此很難累積股東回報；加上多數屬於重資產行業，自由現金流量經常為負數，意味著需要在某個時間點向市場增資。除此之外，經常性的高負債率、低淨利率，都是這類行業的特徵。

▪ 好行業重要特徵：供給端受限或收縮

物以稀為貴，是指供給端受限帶來的強勢訂價權，這是一個好行業的重要特徵。供給端受限主要從外部出發，焦點在於行業如何阻擋外部潛在競爭對手加入，從而產生訂價權，講求的是行業進入門檻。

那麼，什麼行業存在長期的供給端限制？

具備強勢品牌的行業：

其品牌能在消費者心中產生獨一無二的認同感，比如奢侈品、高端手機、高端菸酒。

受政策規範的行業：

數量有限的牌照讓競爭者相對有限，比如交易所、砂石場、博弈行業、機場。

具備生態體系的行業：

該商業模式以平台經濟為出發，透過橫向購併或業務拓展，提供消費者新的服務，形成較強的用戶黏性，同時對於後進競爭者形成龐大的進入門檻，如互聯網、蘋果、小米。

資源受限的行業：

由於某種生產要素取得困難，導致擴產周期及成本較高，對後進者形成進入門檻，如新能源車電池的隔膜行業，相關設備供應商為日本製鋼所（供應恩捷股份）、東芝（供應湖南中鋰）、德國布魯克納（供應星源材質），整體產能有限，且交付周期長達一年半，以至於後進者很難取得足夠的設備大規模擴產。或者像半導體先進製程的極紫外光刻機（EUV），全球主要生產來自 ASML，主要產能都被台積電、三星預訂，對新進入者形成進入障礙。

相反的，進入門檻較低的行業，容易引發外部競爭者加入。以太陽能中下游來說，由於行業需求大幅成長、產能擴充周期短，除了原來的太陽能玩家，也引來地產開發商（藍光發展）、養殖業（正邦科技）、紙業、水泥等其他行業的競爭者，競爭激烈程度可想而知。

- **好行業重要特徵：競爭格局穩定，大者恆大**

粥多僧少，每個和尚都能過得不錯；僧多粥少，注定有和尚要餓肚子，這是競爭格局的概念。競爭格局穩定主要從內部出發，焦點在於行業是否經過數次洗牌，最終形成二八效應，也就是少數（前20％）公司囊括了多數（80％以上）的市場，從而產生訂價權。

競爭格局穩定是龍頭訂價權的重要來源之一，投資者可以觀察市場前三大、前五大競爭對手的市占率總和及其變化，如果前三大市占率總和由 30％提升到超過 50％，說明行業集中度正在持續提升，並具備一定的訂價權。龍頭市占率提升的過程，也代表體質較差的競爭對手正在退出市場，由於營收及利潤向龍頭集中，其利潤增速會快於行業表現，股價的表現也會不錯。

關於競爭格局產生的訂價權有兩個例外。第一，政府賦予壟斷地位的行業，行業先天競爭對手雖然較少，但訂價權掌握在政府而不是企業，這種壟斷就沒有太大意義。第二，技術變化快的行業，這種行業競爭格局的破壞，往往來自創新的技術出現，原來的龍頭在短時間內被替代。如太陽能的電池片技術路徑，早期多晶矽的龍頭保利協鑫，在單晶矽技術出來之後，因為擁有較高的發電效率，取代多晶矽成為主流技術，行業龍頭也變成單晶矽的隆基股份。

對於政府大力扶持的行業要比較謹慎。很多新興行業在滲透率達到臨界點後，會自發性地持續成長，而在這之前，就需要政府透過銷

售補貼、稅務減免來減輕行業發展成本，以支持企業開發意願。有了資金支持就相當於降低行業進入門檻，很多公司透過生產大量符合補貼的最低標準產品，來獲取政府補助，成為淨利潤成長主要來源。這會導致低效產品嚴重產能過剩，行業競爭失序，這當中也不乏騙取補助的公司。因此政府大力補助的行業，競爭格局較差。

　　一般來說，當一個行業因為新的產品、技術推動，滲透率處於快速提升階段（如新能源車、太陽能）的時候，因為市場產值正在快速變大，所以儘管市場參與者增加，大家都能分到行業成長的一杯羹。但隨著往後滲透率不斷提高，進入門檻較高的行業，行業集中度會提前出現，這是因為有些公司一旦掌握行業核心競爭門檻，就會開始削弱對手競爭能力。這時候龍頭一方面享受行業成長，一方面受惠於市占率提升，營收、利潤增速都會快於行業。

　　如果是進入門檻較低的行業，也就是客戶追求性價比的產品和服務，則在行業增速開始放緩的時候，競爭會開始變得激烈。由於產品、服務同質性較高，慘烈的價格戰通常是唯一出路。當價格戰發生時，外來競爭對手會開始減少，進入行業內玩家的優勝劣汰，體質較差的玩家容易在一次次競爭中率先出局，而競爭力最強的公司，則會吃下退出公司的市占率，到後期形成少數幾家公司的局面，日子也會變得比較好過。

　　但集中度高的行業風險來自於，行業容易形成寡頭壟斷，面臨政府的強力監管。很多龍頭公司在發展初期，為了應付同業的競爭壓力，會致力於創新產品或商業模式提升競爭力，這是政府所樂見的，因為創新會持續提升行業價值及效率；但後期當龍頭公司已經取得絕對市占率優勢時，往往就沒有足夠的動力去創新，因為光靠壟斷就可以把有創新能力的公司排除在外，甚至利用壟斷地位，占消費者便宜，自

然就會引來強力監管。

因此，很多跨國企業在購併時，需要符合《反托拉斯法》規範，確保公司購併後在該行業不會形成壟斷地位。中國 2020 年底開始的《反壟斷法》更是直接衝擊互聯網行業的股價表現，因為這意味著，像騰訊、阿里巴巴這些龍頭透過壟斷優勢將競爭對手排除在外、做出傷害消費者權益的做法，將被嚴格禁止。

總結來說，有門檻的成長才有意義，行業競爭格局（高度集中）也是一種進入門檻。所以最好的情況是，當行業處於快速成長，但集中度已經迅速提升，這時候誕生的龍頭，是投資人的首選；其次是行業增速較慢，但集中度已經較高的行業；再來是行業增速較快，集中度偏低的行業；最差的是行業發展成熟，集中度又不高的行業。

▪ 好行業重要特徵：行業符合大趨勢

符合大趨勢的行業，可以在未來很長一段時間，行業產值呈現持續成長趨勢，行業裡面的公司也會發展得比較好。如消費升級，背後推動的因素來自人均所得的長期成長，帶動居民對於美好生活的需求，因此具備品牌效應的消費品就具備了長期成長空間。如女性職場化，背後推動的因素來自職場性別平等化、雙薪小家庭比重提升，所以對於預製菜、外送服務會有長期需求；再如碳中和，背後推動的力量來自於全球暖化加速、電力及能源價格上漲，因此，太陽能、風電、新能源汽車打開了產業成長空間。

但是，太陽能、風電、新能源車的投資難度比較高，因為這些都是屬於技術迭代比較快的行業，往往一個主流技術在持續一段時間後，就會被新的技術路徑取代。這意味行業裡的公司必須持續投入新技術研發，儘管這些投入最終可能被證明白忙一場。

此外，一旦新技術被證明有更好的性能，企業就必須重新大量投入生產設備，這都會讓投資人的回報面臨高度不確定性，因此，投資人對於技術變化太快的行業應該要保持謹慎。

投資人也可以分析市場中的產業結構表現，看看過去 5 年，哪些行業的整體市值往上走，哪些往下走。當一個產業在經濟結構中的重要性上升時，行業內的公司比較容易受到資金青睞，市值就容易增加。

以中國為例，2008 年政府為了刺激經濟推出 4 兆元刺激計畫，曾經帶動基礎建設、原物料行業市值大幅上升，經濟成長動能來自於投資。但隨著人均所得跨過 3,000 美元，中產階級人口快速增加，經濟引擎由投資轉變為消費升級，貴州茅台為首的白酒成為股市中表現最好的行業。

2018 年以後，中美在科技領域衝突加劇，半導體國產替代在政策推動下崛起，加上碳中和路線推動太陽能、風電行業發展，高端製造成為近年市值上升最快的行業。

• 好行業重要特徵：產業鏈中是誰分走了利潤？

投資時很重要的一點是，要知道產業鏈的利潤分配大概的樣子，哪個環節占據最大的利潤，以及持續性如何。

如太陽能，上游是硅料、硅片，中游是電池片、組件、輔材，下游是電廠。這當中，上游硅料擴產周期達 1.5 ～ 2 年，相較其他環節擴展周期較長，當下游需求大量成長時，硅料就供不應求，其產量決定了中游的電池、組件出貨量。

因此，在 2021 ～ 2022 年，硅料成為太陽能行業最緊缺、也是最賺錢的環節；但隨著 2022 年下半年起，硅料龍頭玩家新產能陸續釋

放，硅料供需預計走向平衡，市場預期硅料價格將會震盪向下。投資人需要思考的是，接下來太陽能產業主要利潤會跑向哪一個環節。

如影視行業，一部電影的推出，偶像明星通常能自帶票房，消費者進電影院看《捍衛戰士：獨行俠》，是因為有湯姆‧克魯斯等大牌明星，不是因為某某電影公司發行。因此大牌演員的片酬往往是天文數字，不管這部電影票房是好是壞，付給明星的高額片酬是固定的，如果推出的電影最終叫好不叫座，影視公司可能不賺錢。

如蘋果手機，在整個產業鏈環節中，蘋果公司取得了產品微笑曲線中兩端利潤最豐厚的環節，即品牌行銷、研發創新，以一支 iPhone 13 Pro Max 來說，生產成本為 438 美元，是其零售價格的 36.5％。由此可見，iPhone 產品中的利潤大多被蘋果賺走，其毛利率高達 60％，對比 iPhone 組裝廠富士康毛利率只有 6％。

❸ 選擇優秀的公司

優秀企業的經營能力體現不在於爆發力，而在於持續性。依靠業績短期爆發力的企業，股價往往在業績催化劑結束之後又回到原點；而具備核心競爭優勢的公司，才能具備業績持續性，這種公司能做到其他競爭對手做不好的事，並且持續、重複地做。

競爭優勢的核心在於掌握訂價權，擁有訂價權的公司可以提高價格，又不導致客戶流失，這些公司一般具備較高的利潤率，且漲價時會帶動利潤率提升，而不僅僅只是轉嫁成本。相反的，需要低價競爭訂單的公司，就不具備訂價權。

優秀公司會長期持續地帶給股東回報，以致最終產生的利潤高於股東的投入，這類公司是時間的朋友；平庸的公司則會持續向股東要

求再投資，以致股東的投入最終很難取得實質回報，這類公司是時間的敵人。

- 競爭優勢來源：
  品牌、專利、牌照、網絡效應、轉換成本、規模效應

　　一家公司能否歷久不衰，取決於公司核心競爭優勢能否阻擋競爭對手，以及競爭優勢可以持續多久。具備優秀特質的公司，能在行業成長的過程中，以優於行業的增速長時間成長，這也意味將取代被淘汰者的市占率。常見的核心競爭優勢包含品牌、專利、牌照、網絡效應、轉換成本、規模效應。一個企業可能具備一個或以上的優勢，其競爭優勢也可能發生改變。

品牌優勢

　　一個有靈魂的品牌，才能創造品牌溢價。判斷是否存在品牌溢價，可以從幾方面著手，一看產品售價，當一個品牌產品售價明顯高於同業，代表產品對於消費者產生某種精神上的認同，從而產生品牌訂價權；二看毛利率，從財務表現上來看，具備品牌溢價的產品，毛利率會較高；三看通膨時期是否可以在不影響銷量的前提下，透過漲價轉嫁成本。以上三者，其核心在於品牌是否能產生訂價權。

　　奢侈品是最容易體現品牌溢價的族群，一般代表社會地位的認同。很多人開玩笑說，勞力士手錶不是給自己看的，而是在社交場合中給別人看的。這就是為什麼很難看到奢侈品牌降價清庫存，因為這會嚴重傷害品牌價值，當勞力士的消費者發現同款手錶大幅降價，導致最後人人都買得起，那誰還買勞力士呢？

　　中國的白酒龍頭貴州茅台，主力產品飛天茅台終端售價在人民幣2,600元以上，卻一瓶難求；第二大品牌五糧液，主力產品普五終端

售價至今未突破人民幣 1,000 元，儘管原物料都是黃豆和水，終端售價卻差到一倍以上。飛天茅台體現的正是品牌溢價，其背後支撐的是中國的面子工程，當在重要場合開上一瓶飛天茅台，會被視為是非常有面子的事。因此，其商務需求、送禮需求、收藏需求，構成了終端強勁的銷售動能。

常去星巴克消費的人都有一種感覺，就是星巴克的咖啡、蛋糕價格比其他連鎖品牌售價要高得多，儘管口味沒有太多講究，卻常大排長龍。因為星巴克細緻的服務，讓星巴克在消費者需要聚會時，往往成為第一個出現在腦海中的選項。

那麼，平價的可口可樂算不算具備品牌優勢？答案是肯定的。儘管可口可樂售價並不高，但是喝可口可樂會給消費者帶來愉悅的感覺，這是為什麼我們在餐館吃飯、聚會時，下意識選的碳酸飲料不是雪碧、蘋果西打，而是可口可樂。可口可樂在消費者潛意識中已經成為碳酸飲料的代名詞，所以 2022 年全球面臨高通膨時，可口可樂也宣布漲價，卻絲毫不影響銷量。

最後，並不是所有品牌都具備品牌優勢，如果消費者在選擇產品時，會比較各品牌產品的性能差異，那就比較難有品牌溢價，因為消費者此時出發點是性價比，而不是品牌帶來的精神象徵。如消費者在購買汽車時，可能從 Toyota、Honda、馬自達等品牌，選擇類似車款中性價比最好的一個。因此，這些品牌很難享有較高的毛利率。

專利優勢

專利價值普遍出現在技術要求較高的行業，如半導體、醫藥、汽車零組件等，計算專利的價值在於衡量能創造多少收入，以及持續的時間。

新藥在新上市時會有 10 年的專利保護期,期間該款新藥創造的收入就是專利價值,為了延長專利保護期,藥廠通常會試著增加其他適應症;但專利保護終有期限,競爭對手可以透過研發類似產品來規避專利。所以,當產品由一連串專利組成,或公司具備足夠多的專利產品,其競爭力會比較強。

在中國,片仔癀與雲南白藥是唯二被賦予國家絕密配方的中藥,前者在肝病治療領域中有實證效果,後者在止瘀化血、活血止痛有顯著療效。這兩項中藥的專利優勢十分顯著,一是被賦予國家絕密配方,配方具有獨一無二的價值,二是絕密配方具備永久期限,沒有專利到期的一天,其商業價值是巨大的。

在創新速度較快的領域,專利持續性就較差。如太陽能電池,從 PERC 到 TOP CON 技術,再到 HJT 電池,其技術迭代的時間較短,競爭對手可以透過押注下一代新技術路徑,繞過目前主流技術的專利限制。因此,計算這類型專利能帶來多少價值,往往不是很可靠。

牌照優勢

這類型競爭優勢主要來自於政府,在一些公共領域、受管制領域較常出現,如電力公司、博弈產業、水泥業、交易所、學校等。牌照價值取決於牌照取得的難易度,以及多少程度的權利可以自由訂價。

受限的訂價權,如電力公司,一個地區電力需求變動不大,因此對於電廠需求量是固定的,政府對牌照發放限制就形成進入門檻;但電廠收取的電價上限也是政府制訂的,即使電力市場供不應求,電價也無法突破上限值,只能多發一些電來增加利潤。因此,這類公司利潤彈性並不高。

不受限的訂價權,如私立學校,一間私立學校的設立需要取得政

府牌照許可，且同一區域可以提供申請建造的學校數量有限。因此口碑好的學校，申請入學的學生往往遠超過學校可以容納的數量；加上政府對於私校的收費並沒有統一規定，私立學校之間的學費差異也很大，一年學費差異可以從 10 萬到數十萬元，這類公司的利潤率表現就會很好。

網絡效應

　　網絡效應指當一個產品或服務使用的人越多時，每增加一個客戶的邊際成本就會下降，所能產生的價值就會呈現非線性成長。一般來說，平台型商業模式最容易出現，如交易所、互聯網、物流業者等。

　　以交易所來說，當足夠多的投資人在台灣證券交易所交易時，就會吸引更多的台商前來掛牌上市，因此，當掛牌的公司變得更多，或是交易所推出新的產品，投資人可選擇的標的變多，進而吸引更多投資人加入，而對交易所來說，每一項新產品的邊際獲客成本都是在降低的。

　　如電商平台，當使用平台的消費者越多，就會吸引更多的商品賣家加入，新的賣家豐富了平台上可供銷售的商品，更多的商品又會吸引新消費者加入。對消費者來說，豐富的購物體驗使回購率增加，且平均單次購買商品數量也會增加；對商家來說，同樣的產品可以觸達更多消費族群，成為潛在商機；對於平台來說，從商家收取的佣金變多，流量帶來的廣告收入增加，形成了三贏局面。

　　如物流行業，當公司的物流終端配送點從台北、高雄兩地，增加台中新的配送點時，會帶來台北、高雄到台中雙向物流配送需求的客戶。當配送點越來越多，每增加一個新的配送點邊際成本就會下降，網絡價值就會提升。

轉換成本

轉換成本關鍵在於使用者的時間成本，當使用者必須額外耗費很多時間去適應一個新的系統、新的服務，而且過程中可能會產生麻煩時，就會三思而後行，這就代表高轉換成本，如銀行、工作軟體等。

以銀行來說，大多數人都有一兩家主要配合的銀行，一般來說是薪資帳戶，會利用這個帳戶提款、支付生活中的帳單；一旦消費者決定要銷戶，意味著很多帳單扣款帳號、約定轉帳帳號都要重新設定。因此，除非銀行服務出現大疏漏，影響消費者體驗，不然大多數人會一直沿用慣用的銀行帳戶，因為這會影響使用者的生活時間成本。

以工作軟硬體來說，像是金融業使用彭博（Bloomberg）、資訊業使用的 JAVA 程式語言、建築業使用的 AUTOCAD、醫生使用某些品牌的醫療設備等，對於這些從業人員來說，該軟硬體從在校學習時就已經一直使用，一旦轉換新的系統，就要花很多時間重新學習，且重新適應的過程中可能出現錯誤，導致企業經營成本及風險升高。因此，即使產品漲價，多數企業也只能被動接受，因為這會影響使用者的學習時間成本。

規模優勢

規模效應比的是誰單位成本低，因此像太陽能、水泥、機械等重資產的行業，因為高固定成本的特性，使得企業增加收入的同時，就能夠有效降低單位生產成本。這也是為何這些行業的龍頭，往往持續大幅擴產。當單位生產成本為同業中最低時，一旦遇到行業逆風，生產成本最高的公司往往不堪虧損而最先淘汰。

當營收增加時，單位營收的生產成本會降低，因為單位固定成本率隨分母（營收）變大，比率會下降。

因此，這些行業發展到最後，往往形成寡頭壟斷，水泥、機械設備有運輸半徑的限制，較容易形成區域龍頭；且前幾家龍頭市占率越高，就意味客戶的選擇越少，行業競爭格局也就越穩定，後進者越不容易顛覆龍頭公司。

▪ 重點在於股東回報，而不是淨利潤

投資時往往會面臨一個問題，究竟要選擇成長最快的企業，還是最賺錢的企業。

能賺錢指的是能否為股東賺到現金利潤，現金利潤不等同於經營利潤，有些公司損益表上淨利 10 億元，但如果需要投入 20 億元在新技術上才能維持競爭力，則股東不僅一毛都拿不到，還要再掏 10 億元投資。

通常成長最快企業所處的行業，都是滲透率快速提升中的新興產業，優點是需求發展夠快，業績呈現高成長，缺點是容易吸引眾多競

爭對手，競爭非常激烈，利潤率並不高；而最賺錢的企業一般都是行業競爭格局已經底定，需求穩定成長的行業，優點是業績成長持續性強、利潤率較高，缺點是爆發力不夠。

如果排序來看，首選是能賺錢又具備一定成長性的企業，其次是能賺錢但不怎麼成長的企業，第三是還不賺錢但是快速成長的企業，最差的是不賺錢也不成長的企業。投資者應該將精力放在前兩個排序，並避免最後一個。能不能賺到錢關鍵在於進入門檻，投資人往往看中成長性，但門檻比成長性更重要。

企業在發展前期，都需要透過融資來支持業務快速發展，但在發展一段時間後，有些企業發展出好的商業模式及競爭優勢，並開始產生豐厚的現金流量。這些現金流量不僅能支持產品研發、產能擴張，還能以增加配息、回購股份的方式回報股東，或者投入高報酬率的事業創造經營成長動能，進一步帶動股價長期上漲，為原始股東創造良好的長期回報。

但也有一類公司，因為行業競爭激烈、技術變革太快、公司產品沒有顯著優勢，公司的經營現金流量無法支持研發、產能設備擴充，必須透過外部融資才能維持競爭力。這對於股東來說，不僅前期回報無法回收，還必須不斷增資，並不能為原始股東創造長期回報。

因此，投資一家公司時，不必在一開始就買進如未來的台積電、未來的微軟等公司，因為在企業發展的過程中，有太多難以掌握的因素，讓投資人很難準確判斷。多數被認為最有希望的明日之星，往往到頭來只是平庸的公司，為此付出高成本代價是巨大的，不如等公司能證明自己能力的時候，再投資也不遲。

只要企業所處行業背後長期的成長邏輯明確，當競爭格局底定、

各項財務指標可以相互應證時，再買入也不遲，這時候的勝率相對初期大幅提高，且只要行業繼續成長，公司的發展往往會更好。

- **快速篩選財務指標：損益表、資產負債表、現金流量表**

投資人在檢視財務報表數據時，最好觀察幾年的數據，避免因為某一年份特殊原因導致數據失真，如新冠疫情可能導致消費電子當年零售數據非常好，但沒有可持續性。重要的是數據發展的趨勢，像是利潤率是越來越好、還是越來越差，並了解數據趨勢背後形成的原因，才能判斷趨勢是否延續。

企業最重要的 3 張財務報表：損益表提供企業經營重要訊息，包含賺了多少錢、獲利能力如何；資產負債表則表達了資產、負債、股東權益三者關係；現金流量表記錄了公司現金流如何產生、花往何處。透過這 3 張報表，投資人可以對公司財務情況有初步的概念。

損益表

損益表是公司經營的成績單，表達公司在一段時間內賺了多少錢，以及如何實現。從收入端開始，扣除相關生產成本就是毛利；毛利減去公司經營中產生的管理、銷售、財務費用之後，形成經營利潤，並在繳完稅之後成為淨利，如果再除上公司發行股數，就成為每股盈餘（EPS）。

這當中需要留意的指標有幾個，包含毛利率、營業利益率、財務費用率。這些利潤指標也會隨行業特性不同而有差異。

毛利率在以產品為導向的商業模式中更重要，體現產品的競爭力如何，越是能提供客戶附加價值的產品通常毛利率越高。一般具備高端品牌力（如奢侈品）、高技術含量（如先進製程）的產品毛利率就

台積電（2330.TW）損益表

單位：新台幣千元

科目	2021 金額	2021 比例	2020 金額	2020 比例	2019 金額	2019 比例	2018 金額	2018 比例
營業收入	1,587,415,037.00	100.00%	1,339,254,811.00	100.00%	1,069,985,448.00	100.00%	1,031,473,557.00	100.00%
營業成本	767,877,771.00	48.37%	628,108,309.00	46.90%	577,286,947.00	53.95%	533,487,516.00	51.72%
營業毛利	819,537,266.00	51.63%	711,146,502.00	53.10%	492,698,501.00	46.05%	497,986,041.00	48.28%
營業費用	169,222,934.00	10.66%	145,056,549.00	10.83%	119,504,582.00	11.17%	112,149,280.00	10.87%
營業淨利	649,980,897.00	40.95%	566,783,698.00	42.32%	372,701,090.00	34.83%	383,623,524.00	37.19%
營業外收入及支出	13,145,417.00	0.83%	17,993,482.00	1.34%	17,144,246.00	1.60%	13,886,739.00	1.35%
稅前淨利	663,126,314.00	41.77%	584,777,180.00	43.66%	389,845,336.00	36.43%	397,510,263.00	38.54%
所得稅費用	66,053,180.00	4.16%	66,619,098.00	4.97%	44,501,527.00	4.16%	46,325,857.00	4.49%
稅後淨利	597,073,134.00	37.61%	518,158,082.00	38.69%	345,343,809.00	32.28%	351,184,406.00	34.05%
其他綜合損益	-7,619,456.00	-0.48%	-30,321,802.00	-2.26%	-11,823,562.00	-1.11%	9,836,976.00	0.95%
綜合損益	589,453,678.00	37.13%	487,836,280.00	36.43%	333,520,247.00	31.17%	361,021,382.00	35.00%
歸屬母公司稅後淨利	596,540,013.00	37.58%	517,885,387.00	38.67%	345,263,668.00	32.27%	351,130,884.00	34.04%
基本每股盈餘	23.01	--	19.97	--	13.32	--	13.54	--
稀釋每股盈餘	23.01	--	19.97	--	13.32	--	13.54	--

資料來源：鉅亨網

越高。在製造業領域，毛利率在30％以上的公司通常會吸引我的目光；但在零售流通領域，是以銷售通路為導向的商業模式，做薄利多銷的生意，重點在於提高存貨周轉效率，低毛利率是正常的。

> 毛利率＝毛利／營收

　　營業利益率則告訴投資人公司的經營能力如何，主要體現在管理、行銷、財務相關費用控制能力。在景氣不好的時候，執行長可能為了美化淨利表現，優先選擇縮減行銷費用，因為可操作的空間最大；其次則是凍結人事、薪資調整，想辦法降低管理費用；最不容易縮減的是財務費用，因為其變動彈性最小。

營業利益率＝營業利益／營收

　　財務費用主要包含利息支出、匯兌損失、手續費等，在匯率相對穩定的時候，主要體現出公司財務壓力如何。這類費用相對剛性無法縮減，因此，如果財務費用占公司利潤比重過高，容易在景氣下行時期陷入困境。公司財務費用率最好在5％以內，如果是毛利率30％以上的公司，相當於財務費用占毛利的比率在20％以內，是一個相對安全的範圍。

財務費用率＝財務費用／營收

資產負債表

　　資產負債表顯示一家公司的資產、負債、股東權益間的關係，資產相當於負債與股東權益總和。

　　資產端依流動性好壞分為流動資產、固定資產兩類。流動資產變現能力較高，主要包含現金及約當現金、短期投資、應收帳款、存貨等；固定資產變現能力較差，主要包含廠房設備、股權及長期投資、商譽、無形資產。

　　這當中應該注重應收帳款、存貨、商譽三大項目。應收帳款為企業交付產品後尚未收回的帳款，應收帳款如果沒有收回，最終會變成壞帳。我會觀察公司相對於同業應收帳款天數是否較高，以及變化的趨勢。

　　存貨主要包含產成品、半成品、原物料，存貨一般隨著營收成長而對應增加。當存貨金額成長超過常態時，須判斷主要來是自成品還

台積電（2330.TW）資產負債表

單位：新台幣千元

科目	2021 金額	比例	2020 金額	比例	2019 金額	比例	2018 金額	比例
流動資產	1,607,072,907.00	43.14%	1,092,185,308.00	39.56%	822,613,914.00	36.32%	951,679,721.00	45.53%
現金及約當現金	1,064,990,192.00	28.59%	660,170,647.00	23.91%	455,399,336.00	20.11%	577,814,601.00	27.64%
應收票據及帳款淨額	197,586,109.00	5.30%	145,480,272.00	5.27%	138,908,589.00	6.13%	128,613,391.00	6.15%
存貨	193,102,321.00	5.18%	137,353,407.00	4.98%	82,981,196.00	3.66%	103,230,976.00	4.94%
其他流動資產	151,394,285.00	4.06%	149,180,982.00	5.40%	145,324,793.00	6.42%	142,020,753.00	6.79%
非流動資產	2,118,430,548.00	56.86%	1,668,526,097.00	60.44%	1,442,191,118.00	63.68%	1,138,448,317.00	54.47%
不動產、廠房及設備	1,975,118,704.00	53.02%	1,555,589,120.00	56.35%	1,352,377,405.00	59.71%	1,072,050,279.00	51.29%
投資性不動產	--	--	--	--	--	--	--	--
無形資產	26,821,697.00	0.72%	25,768,179.00	0.93%	20,653,028.00	0.91%	17,002,137.00	0.81%
其他非流動資產	116,490,147.00	3.13%	87,168,798.00	3.16%	69,160,685.00	3.05%	49,395,901.00	2.36%
資產總計	3,725,503,455.00	100.00%	2,760,711,405.00	100.00%	2,264,805,032.00	100.00%	2,090,128,038.00	100.00%
流動負債	739,503,358.00	19.85%	617,151,048.00	22.35%	590,735,701.00	26.08%	340,542,586.00	16.29%
非流動負債	815,266,892.00	21.88%	292,938,358.00	10.61%	51,973,905.00	2.29%	72,089,056.00	3.45%
負債總計	1,554,770,250.00	41.73%	910,089,406.00	32.97%	642,709,606.00	28.38%	412,631,642.00	19.74%
母公司業主權益	2,168,286,553.00	58.20%	1,849,657,256.00	67.00%	1,621,410,124.00	71.59%	1,676,817,665.00	80.23%
股本	259,303,805.00	6.96%	259,303,805.00	9.39%	259,303,805.00	11.45%	259,303,805.00	12.41%
資本公積	64,761,602.00	1.74%	56,347,243.00	2.04%	56,339,709.00	2.49%	56,315,932.00	2.69%
保留盈餘	1,906,829,661.00	51.18%	1,588,686,081.00	57.55%	1,333,334,979.00	58.87%	1,376,647,841.00	65.86%
其他權益	-62,608,515.00	-1.68%	-54,679,873.00	-1.98%	-27,568,369.00	-1.22%	-15,449,913.00	-0.74%
非控制權益	2,446,652.00	0.07%	964,743.00	0.03%	685,302.00	0.03%	678,731.00	0.03%
權益總計	2,170,733,205.00	58.27%	1,850,621,999.00	67.03%	1,622,095,426.00	71.62%	1,677,496,396.00	80.26%
負債及權益總計	3,725,503,455.00	100.00%	2,760,711,405.00	100.00%	2,264,805,032.00	100.00%	2,090,128,038.00	100.00%

資料來源： 鉅亨網

是原物料，前者通常代表公司銷售轉差導致存貨堆積；後者則可能因為訂單太好或物價上漲，公司提前購進相關原物料做準備。

商譽來自公司購併活動時，所支付的金額超過對方資產負債表上資產價值，也就是溢價支付的部分會計入商譽。當一家公司透過不斷購併取得成長時，通常資產中會累積大量商譽，並極有可能在未來做商譽測試時進行商譽減值。以上這三個項目在會計上也容易造假，這在往後章節會有介紹。

負債端依照債務到期日可分為短期負債與長期負債。短期負債指一年內到期的負債，主要包含短期借款、應付帳款；長期負債則指到期日一年以上負債。

我會注重長期負債、短期負債、應付帳款三大項目。首先，企業負債率低於 50％，企業的財務壓力就會較健康。其次，企業的負債如果主要來自於長期負債，那就不太會面臨短期流動性風險。最後，再看看企業帳上現金能否支付 1 年內到期的短期負債，商業模式優秀的企業，甚至能以自身現金流量來支持企業營運擴張，帳上看不到任何債務。至於應付帳款，我會觀察應付帳款天數是否高於應收帳款天數，當兩者相減為正時，一般表示企業現金利用較率較高。

企業經營是浮動的，只有債務是真實的。在景氣極好時，債務對企業來說有如火箭燃料；但在景氣反轉時，債務卻有如千鈞重擔。因為當景氣下行時，公司的營運現金流會跟隨業績下滑，但該償還的負債卻一分不少。如果負債過高、現金流短缺，又無法從市場籌到足夠的資金，可能導致企業倒閉。

我喜歡低負債或沒有負債的公司，以及營運在周期波動過程中相對穩定的公司，如果經營現金流在營運逆風時，仍可覆蓋應償還的本

息，則公司相對安全。

　　除此之外，債務的品質也有差異。一般來說，企業籌資的管道包含配股籌資、發行企業債、銀行借款。配股籌資沒有債務風險，但會增加流通在外股數，稀釋每股盈餘；發行企業債可以用較低的利率（票息）取得資金，且支付的利息可以抵稅，而相對於需要擔保品的負債，沒有擔保的負債對公司風險更低； 銀行借款則會隨著央行利率波動，在升息環境下面臨還款成本上升壓力，且投資人需留意是否有附加的約束條款。此外，當債務能夠分散到期日，比較不會面臨短期鉅額還款壓力；如果採用固定利率，則不會受到升息環境影響。

　　企業還有一些隱藏債務，不計入財報的債務計算，像是租賃合約、採購契約、退休金帳戶、進行中的訴訟等。以租賃合約來說，零售業者需要租賃店鋪，製造業者需要租賃廠房、設備，航空業者租賃飛機等，不管營運好壞，企業都必須按照租賃合約履行租金給付義務；採購協議方面，如火力電廠會與煤炭業者簽訂某一價格下的長期煤炭供給契約（一般稱為長協煤合約），啤酒廠會與小麥業者簽訂未來一年的採購契約等，就算標的商品價格下降，公司都必須履行採購義務。

　　股東權益代表公司股東所擁有的價值，相當於公司淨值。主要由股本、保留盈餘、資本公積等項目組成。保留盈餘指當年公司淨利潤扣除分派股東利息後的盈餘，可以用於未來公司投資、回購股票。台灣的《公司法》對於保留盈餘有規定，在分配之前需提出 10％做為法定盈餘公積，當累計提撥達到資本額時就可以不用再提，此外，保留盈餘也會被課 5％稅費。資本公積（Additional Paid-In Capital, APIC）是企業收到的資金超過股票面額部分，常見資本公積包含股本溢價、資產重估增值、處分固定資產利益等。

現金流量表

主要說明企業現金流來源及去處，主要包含經營現金流、投資現金流、融資現金流。

台積電（2330.TW）現金流量表

單位：新台幣千元

科目	2021 金額	比例	2020 金額	比例	2019 金額	比例	2018 金額	比例
營業活動淨現金流	1,112,160,722.00	--	822,666,212.00	--	615,138,744.00	--	573,954,308.00	--
投資活動淨現金流	-836,365,863.00	--	-505,781,714.00	--	-458,801,647.00	--	-314,268,908.00	--
籌資活動淨現金流	136,608,438.00	--	-88,615,087.00	--	-269,638,166.00	--	-245,124,791.00	--
匯率變動影響	-7,583,752.00	--	-23,498,100.00	--	-9,114,196.00	--	9,862,296.00	--
本期現金及約當現金淨增加	404,819,545.00	--	204,771,311.00	--	-122,415,265.00	--	24,422,905.00	--
期初現金及約當現金餘額	660,170,647.00	--	455,399,336.00	--	577,814,601.00	--	553,391,696.00	--
期末現金及約當現金餘額	1,064,990,192.00	--	660,170,647.00	--	455,399,336.00	--	577,814,601.00	--

資料來源：鉅亨網

經營現金流量反映企業經營周期中現金流向情況。以企業稅後淨利為基礎，加回損益表中不產生現金流出的折舊及攤銷項目，其次再考慮運營現金流（Working Capital）的變化。

運營現金流為流動資產減去流動負債，流動資產主要是存貨及應收帳款總和，流動負債主要是應付帳款。經營良好的企業應該長期呈現經營現金淨流入，如果是持續淨流出，則代表公司存在資金缺口的風險，可以直接放棄投資。對於經營現金淨流入的企業，投資人可以觀察淨流入金額與損益表的淨利匹配程度。

投資現金流量主要包含企業資本支出、股權投資變動。資本支出可分為維護現有設備的支出，或購買新設備廠房支出，如果一家公司

的資本支出長期波動不大，說明公司不太需要投資新的技術，資本支出以維護設備為主，可預測性較高且金額較低，自由現金流量也會比較穩定，比如中國的白酒公司、可口可樂等。當企業購買股票、債券時也會計入投資現金流出，在賣出時計為投資現金流入；但對專注本業的公司來說，投資收益影響不大，主要還是資本支出項目。

融資現金流記錄企業籌資行為，包含發行新股、發行債務，這會帶動融資現金流增加；又或者是股權回購、支付股息等活動，會造成融資現金流減少。我會快速瀏覽企業是否有籌資行為，其次，企業是否透過舉債支付股東股息，對於一面大幅舉債、一面大量支付股息的公司，應保持警惕。

❹ 技術指標的搭配

投資人做決策時，還是要以基本面為主，配合技術面做為進出場點的參考。如果一家公司基本面不扎實，只是因為短期的情緒或資金驅動，股價就會怎麼上去怎麼下來。而投資人以技術面為主要選股依據時，通常會在股價上漲（下跌）一段時間後，才會看到明確的股價上升（下降）型態，這時買進（賣出）決策就容易追高殺低。

此外，投資人可以依據自己的投資期間，設定對應指標。如持有期間 3 個月，可以只看周線；持有時間 1 年，可以看月線；持有時間 3 年以上，可以看季線。不過，既然從基本面分析上看好公司長期發展，投資人應該把持有期限拉長，因為持有時間越短，報酬率就越容易受到市場情緒影響。

▪ 選擇長期均線趨勢向上的公司

企業如果所處的產業具備成長性，或公司具有良好的競爭力，就

能夠為股東創造長期價值，股價也會隨著公司獲利持續提升，而長期呈現上升走勢，股價回檔到長期趨勢線，都會有強勁支撐，成為下一波上漲的起點。反過來說，如果企業股價跌破長期趨勢線，且持續下挫，可能代表公司商業模式受到破壞，需要重新評估基本面。很重要的一點是，股價長期趨勢穩定向上的股票，往往也是10倍股的搖籃。

貴州茅台（600519 CH）是中國高端白酒龍頭，從月線圖走勢來看，公司股價長期沿著2年股價平均線（24個月）往上墊高，股價上漲動能來自公司強大的產品力。公司主力產品飛天茅台價格大幅上漲，也不減需求熱情，成為公司的賺錢機器；加上消費升級浪潮帶動居民及商務宴客需求，股價在淨利長期走升之下持續創新高，是典型的10倍股範例。

貴州茅台（600519 CH）月線走勢

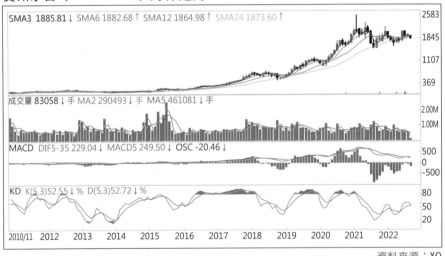

資料來源：XQ

分眾傳媒（002027 CH）是中國電梯媒體龍頭，台灣很多社區電梯的電視廣告系統也是來自這家公司，其競爭優勢在於擁有大量的電梯媒體終端據點，一個廣告可以同時在數以萬計的終端曝光。但以廣

告為主要收入的模式，也較容易受到景氣波動影響，當景氣轉差時，企業會縮減廣告投放預算，造成公司收入減少，加上龐大固定資產下費用相對剛性，淨利潤波動會更劇烈。

分眾傳媒（002027 CH）月線走勢

• 一些股票的賣出信號

幾個賣出訊號包含：跌破主要趨勢線、股價急漲或股價高檔爆量收低、股價反彈後不過前高、下跌破前低。

跌破主要趨勢線

公司跌破長期趨勢線後持續下跌，若不是整體股市表現疲弱，就是公司本身的問題。一般來說，公司自身因素影響股價下跌主要來自三方面，也就是殺業績、殺估值、殺邏輯。

三者中殺邏輯的股票最危險，這類公司往往是自身獲利能力或外在經營環境出現重大改變，導致公司商業模式受到破壞，股價就會在

跌破長期趨勢線後繼續下跌。如中國醫藥集中採購政策，打破仿製藥高藥價、高獲利的商業模式，曾經的化學藥龍頭恆瑞醫藥、中國生物製藥等公司股價就出現大幅下挫，且很難再回到原來的上升趨勢線。

恆瑞醫藥（600276 CH）的月線走勢圖顯示，股價自 2021 年底後，便一路向下崩跌（箭頭處），因為公司主力麻醉產品被納入醫保集中採購，受衝擊藥品價格通常會下滑 60％～ 90％。如果沒有受衝擊，就意味失去多數市場銷售額，無論如何對公司來說都不是好事。股價在跌破長期趨勢線（24 個月平均線）後仍然持續下跌，長期趨勢線也會跟著拐頭向下。

恆瑞醫藥（600276 CH）月線走勢

資料來源：XQ

股價急漲或股價高檔爆量收低：

當股價經過一段長時間上漲後，往往會在幾周內出現急漲，伴隨成交量放大，或是在某一天股價大幅衝高後卻收在當天相對低點，這類走勢通常出現在上漲行情尾端。

以長安汽車（000625 CH）為例，自 2022 年 5 月上海疫情解封開始，整車廠產能利用率恢復正常，加上政府推出至當年底汽車購置稅減半措施，帶動市場對於整車廠下半年銷量快速成長預期，股價在短短 3 個月（5 ～ 7 月）漲幅超過 1 倍，並在 7 月底出現高檔爆量收黑（箭頭處）。主要因為短期大漲已經透支市場預期，加上中國經濟仍然偏弱，前期買進的投資人在高檔開始獲利了結。投資人此時不應趁股價回檔進場，而應在場邊觀望。

長安汽車（000625 CH）日線走勢

資料來源：XQ

股價反彈後不過前高，下跌破前低：

這是典型的空頭走勢，代表每一次反彈買入的投資人，都在下一次下跌中被套牢，投資人需要了解空頭走勢形成的原因。股價周期越長越需要重視，如月線空頭型態會比周線更有代表性，可能表示公司營運出現結構性問題，或是外部經營環境正在惡化；周線空頭型態會比日線更具代表性，可能代表公司短期業績低於市場預期，或是負面

消息對業績預期產生影響，也可能因為估值較高進行修正；而日線的空頭型態干擾因素太多，甚至可能只是股價的正常調整。

- 一些股票的買進訊號

　　幾個買進訊號包含：股價修正到向上的長期趨勢線附近、量縮整理後帶量突破整理區間、股價下跌不破前低，上漲過前高。

股價修正到向上的長期趨勢線附近：

　　賣出訊號中提到股價下跌可以分為殺業績、殺估值、殺邏輯。殺業績、殺估值的股票到長期趨勢線會有強勁支撐，殺業績多半因為某一段時間營運環境出現變化，或是一些短期因素導致業績低於市場預期，這時候股價下跌應該站在買方。其次，殺估值通常發生在股價長期或快速上漲後，估值逐步上升到不合理的階段，這時候股價下跌往往又快又急，但只要公司有基本面支撐，在估值下降到合理階段後，就可以站在買方。

量縮整理後帶量突破整理區間：

　　當股票經過長時間整理後，前期套牢投資人在股價底部反覆震盪中陸續離場，成交量會逐漸萎縮，籌碼逐漸由散戶轉移到大股東手中。這時候，如果公司有基本面改善的利多消息，往往股價會帶量上漲收高，並在往後幾日突破之前的整理區間。由於底部上漲籌碼相對乾淨，後續股價上漲持續性也較好，但投資人仍須了解底部上漲的原因。

　　以長榮（2603 TW）為例，在經過長時間整理之後，股價周線於2020 年 8 月出現帶量上漲（下頁圖箭頭處），當周成交金額顯著高於整理期間，主要是疫情後供應鏈混亂造成運價飆升，在股價位於低基期時出現這種型態，通常是漲勢的起點。

長榮（2603 TW）周線走勢

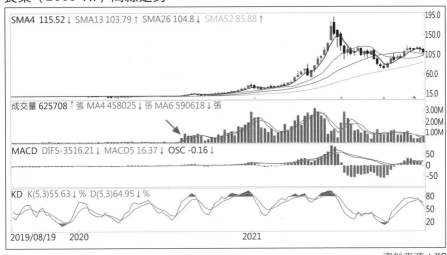

資料來源：XQ

股價下跌不破前低，上漲過前高：

這是典型的多頭走勢，代表每一次下跌買入的投資人，都在下一次上漲中獲利，投資人需要了解多頭走勢形成的原因，股價周期越長越具有代表性。

寧德時代（300750 CH）從 2020 年初到 2022 年，走出明確的多頭型態，出現一底高於一底，一頂高於一頂，每次股價回檔到年線附近，都有強勁支撐，成為下一波漲勢起點。上漲原因在於特斯拉上海工廠產量持續增加，加上中國新能源車滲透率快速提升，公司做為特斯拉及中國本土車廠電池主要供應商，業績開始出現大幅成長。

寧德時代（300750 CH）周線走勢

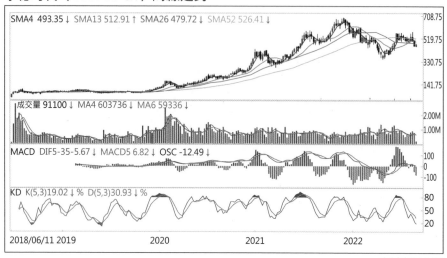

SMA4 493.35↓ SMA13 512.91↑ SMA26 479.72↓ SMA52 526.41↓

708.75
519.75
330.75
141.75

成交量 91100↓ MA4 603736↓ MA6 59336↓

2.00M
1.00M

MACD DIF5-35-5.67↓ MACD5 6.82↓ OSC -12.49↓

100
0
-100

KD K(5,3)19.02↓% D(5,3)30.93↓%

80
50
20

2018/06/11 2019　　　2020　　　2021　　　2022

資料來源：XQ

第四章
不同屬性股票的投資方法

股票依特性大致可分為穩健成長股、快速成長股、高股息股、周期股、轉機股、資產股六大類，每種股票都有自己的屬性，在投資組合中納入不同元素的股票，有助於整體投資組合更穩健。如果組合中全部都是快速成長股，那表現往往不是大好就是大壞；此時，加入一些穩定成長股、資產股有助降低組合的波動度。如果是退休人士的財務規劃，納入一些高股息股可以增加組合現金流。

每種股票都有自己的特性，如果從股價的表現來看，慢慢漲的是穩健成長股；漲到看不見車尾燈的是快速成長股；不鳴則已，一鳴驚人的是周期股；股價躺平領現金的是高股息股；常常轉機完才恍然大悟的是轉機股；黑罐子裝醬油的是資產股。我投資生涯裡關注比較多的還是穩健成長股、快速成長股，其次是周期股、高股息。至於轉機股和資產股，前者難以掌握，且風險較高；後者價值需要受到市場認可，股價才會有所表現，但問題是，買進長時間股價低估的公司，買進後往往股價只會繼續低估。

其次，任何公司都不會永遠屬於哪一種類型，一家公司一開始可能是快速成長股，但隨著行業發展逐漸成熟，公司營收成長率開始下降，變成穩健成長股；當行業不再成長時，最終成為高股息股；也可能因為管理層決策失誤，公司基本面出現大幅滑落，但隨著一連串改革奏效，又成為了轉機股。

① 穩健成長股：買對價格也可以賺大錢

穩健成長股與快速成長股的主要差異在於獲利成長率，穩健成長股多是處於接近成熟期階段的行業，滲透率相對飽和，如家電、乳製品、調味料等行業，行業的獲利成長幅度落在 8% ～ 15%，成長率仍

快於 GDP 表現。而這些龍頭股，受惠於競爭格局穩定、市占率長期提升，獲利成長速度及利潤率都會優於行業平均，帶動公司獲利長期、穩定成長，股價也會趨勢向上。

▪ 公司競爭力不變，跌越重越要買

只要公司核心競爭力及所屬行業邏輯未遭破壞，估值回落到歷史區間偏低的位置，就可以分批買進。當利空出現時，投資人須判斷利空影響的時間長短，核心商業模式是否受到挑戰，還是單純因為市場情緒過於悲觀，導致股票估值不理性的壓縮。

當股票市場出現大跌，或是一個季度業績低於預期，都會導致股價回檔，但只要不影響公司核心競爭力，買進的價格夠低，長期就會取得可觀的收益。因為當利空過後，股價通常會隨著業績重新恢復成長而再度回升，加上風險消除後的估值修復，投資人等於獲得了雙倍

不同屬性股票對應行業族群

屬性分類	族群特徵	常見行業
穩健成長股	行業利潤增速 8%～15%，競爭格局穩定、需求穩定	乳製品、調味品、家電、啤酒、軟性飲料等
快速成長股	行業利潤增速超過 30%，滲透率低點快速提升、成長空間大	電子、軟體、太陽能、風電、新能源車、雲計算等
高股息股	行業利潤增速 0～5%，滲透率飽和，行業發展空間有限	電信、公用事業、鐵路運輸、能源等
周期股	利潤跟隨景氣大幅波動、利潤彈性大	有色金屬、能源、化工、航運、機械
轉機股	獲利能力因事件或管理層決策導致衰退，變革後出現改善跡象	視公司而定
資產股	公司資產價值被市場低估，導致整體價值高於公司市值	視公司而定

資料來源：作者提供

彩球。此外，這一類的公司股價一般呈現長期向上走勢，投資人在股價回到長期趨勢線附近時買進也是一個不錯的方法。

伊利股份（600887.CH）為中國乳製品龍頭企業，在各類產品中市占率保持在行業前三，受惠於消費升級及健康意識抬頭，人均乳製品消費量有所提升，儘管消費族群趨於飽和，但依靠既有產品升級及新品類（奶酪、優格、低溫奶）帶動，行業整體產值成長率仍有5％～10％，而公司在產品研發及通路布局上具備較強的核心競爭力，過去10年股價年均複合收益達26.5％，是典型的長期大牛股。

隨著2022年以來市場大幅下跌，公司9月下旬本益比也回落到21.5倍，參考過去10年本益比歷史區間17.5～33.7倍，中樞位置25.5倍，股價對應本益比位於歷史最低25分位數。依照券商一致性預期，2022～2024年淨利成長率分別為20.0％、19.6％、16.3％，如果到2024年股價都不成長，則2024年對應的本益比將下降到14.3倍，顯著低於過去10年區間最低值。考慮公司核心競爭力依然穩固，若未來兩年估值回升到歷史中樞的25倍，意味著股價年複合預期收益將達到30％。

2001～2021年伊利、蒙牛、光明乳業收入規模比較

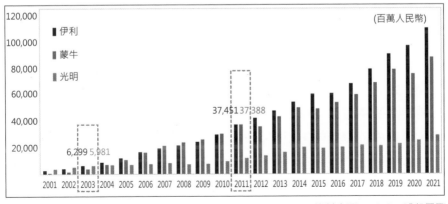

資料來源：wind；浦銀國際

2021 年各乳製品細分產品市占率前三名公司

	乳製品	常溫白奶	低溫白奶	常溫酸奶	低溫酸奶	乳飲料	奶粉	冷飲
第一名	伊利	伊利	光明	伊利	蒙牛	伊利	飛鶴	伊利
第二名	蒙牛	蒙牛	三元	蒙牛	光明	蒙牛	伊利	聯合利華
第三名	光明	完達山	新希望乳業	光明	伊利	旺旺	雀巢	蒙牛

資料來源：Euromonitor、浦銀國際

▪ 基本面改變、估值過高，就要賣出

賣出的時機有兩個，一個是公司或行業基本面出現結構性變化，通常代表殺邏輯，意味著成長結構受到破壞，在情勢出現改變之前，股價可能持續破底；另一個是估值過於昂貴，股價下跌在於殺估值，一旦估值回到偏低水準，自然會有承接買盤，投資人就可以買回來。

行業基本面出現結構性改變的例子，例如中國政府近幾年開始整頓房地產行業，一方面高喊「房住不炒」的口號，一方面對於住房供需、地產開發商財務進行限縮，導致地產行業開始出現趨勢性下行，並影響地產後周期的建材及家電行業。對於家電行業來說，需求主要來自住房及更新兩方面，當地產銷售成長率放緩，家電長期銷售成長率也將下修，對於家電業來說，就出現了行業結構性變化。

此外，如果公司因戰略規畫錯誤導致市占率連續下滑，獲利成長率也會低於行業表現，如空調龍頭美的集團與格力電器，前者採用以銷定產避免庫存堆積風險，後者則採用向經銷商壓貨提升營收的模式，最終導致經銷商出現反彈，而開始著手進行通路改革，這期間市占率持續下滑，股價跟隨獲利下修表現也一落千丈；再來是老產品成長動能不足，而新產品卻停滯不前，這會造成營收成長動能出現斷層，獲利也會面臨長時間成長乏力。

❷ 快速成長股：對基本面掌握要高，買賣要果斷

快速成長股所屬的行業通常處於滲透率快速提升時期，行業成長來自需求推動，產品銷量基期低、銷售成長率快，大多屬於熱門的新興產業，比方像新能源汽車、太陽能、掃地機器人、雲計算，這類公司利潤增速動輒超過30％，景氣度更高的公司，利潤成長率可以超過100％。此外，這類公司往往需要增加產能來滿足需求，也會出現較強的融資需求。

也有一些是來自成熟行業的公司，找到新的突破口，帶動市占率快速成長。微軟在2014年改任納德拉（Satya Nadella）為執行長後，裁撤手機業務、刪減 Windows 預算，專注發展雲業務優先（Cloud First）戰略。並隨著企業雲、Office 365 快速成長，2015 ～ 2021 財年，微軟智能雲營收由237億美元成長到601億美元，年複合成長率16.8％，成為公司營收比重最高的部門，市占率僅次於亞馬遜，股價7年內最高成長了近6倍。

這類股票優點是獲利成長速度快，股價彈性大；缺點是確定性不足，往往最終理想很豐滿，現實很骨感，當初預期的成長願景最終沒有實現。不是每家看似快速成長股的公司都值得投資，多數公司的業績及股價上漲只是蹭了行業熱度，一旦出現景氣疑慮，股價也會以慘跌收場。對於新興產業，投資人需要弄明白行業有多大的成長空間、多高的進入門檻，以及最重要的，這些假設有多大的確定性。

▪ 首要考慮高門檻，其次才是成長速度

太陽能受惠於全球減少碳排放趨勢帶動，各國政府一方面加大再生能源的綠電投資，一方面提出具體的滲透率目標，行業的確定性高、成長空間大，投資人從電站招標的金額也可以做交叉確認。加上烏

俄戰爭導致歐洲能源危機，高電價也會促進家用的太陽能發電裝機需求；但供給端一樣高成長，主要因為除了上游硅料等少數環節擴產存在難度之外，其他環節進入門檻較低，容易吸引其他行業玩家跨界加入，是屬於成長空間夠大，但是長期回報率較差的行業。

掃地機器人是懶人經濟學的代表，不僅減輕家事負擔，而且清潔程度更好，因此廣受年輕小家庭喜愛，新產品功能更加人性化，如新增了避障效果、掃拖一體、垃圾集塵等新功能；但行業產值快速成長之後，傳統家電巨頭挾持後發者優勢，也開始推出自有品牌產品，藉由大品牌優勢及核心產品技術延伸，推出功能更強大的新產品。因此，既有的龍頭公司可能面臨傳統家電巨頭的強力競爭，導致競爭變得更加激烈，儘管行業高成長確定性高，但公司卻不一定。

快速成長股多半是處於景氣度較高的行業，公司獲利水準隨著市場需求強勁及產能擴張節節走高，好業績很容易吸引市場目光，投資人必須選擇進入門檻較高環節的龍頭公司，確保公司可以長期維持成長優勢。同時，高成長潛力公司估值通常會有溢價，只要仍在合理區間，仍然是很好的買進機會。

以陽光電源（300274 CH）為例，公司是集中式太陽能電站逆變器龍頭，2022 ～ 2024 年預期成長率為 81.9%、82.6%、45%，則2022 年對應 57.1 倍本益比是可以接受的，意味著如果股價未來兩年不成長，那麼兩年後投資人將會得到一家當年度淨利成長 45%，但本益比只有 21.6 倍的公司。這顯然是不合理的，意味未來兩年股價有較大的上漲空間。當然，前提是未來獲利增速必須兌現。

快速成長股淨利成長速度快，股價上漲斜率也比較陡，當股價回落到季線附近，只要基本面仍然強勁，估值仍然合理，通常是可以考慮加碼的進場點。做投資決策之前，高門檻是首要考量，弄清楚行業

哪一個環節進入門檻最高，其次才是成長速度，只有高門檻才能確保高成長的可持續性。

▪ 股價大幅超越基本面，就應獲利了結

賣出的時機有三個，第一是股價大幅上漲後已經透支未來成長預期，投資人追高買入後，一旦業績低於預期，股價面臨的是估值及獲利雙重下修；也可能單純因為籌碼太集中，在某個時間點出現資金踩踏的暴跌，一旦股價已經大幅跑在基本面之前，就可以適時獲利了結。第二是基本面發生惡化，新技術出現、政策強力監管、行業競爭加劇等因素，都會導致公司未來高成長邏輯受到挑戰，此時也應該果斷賣出。第三是貨幣政策由寬鬆走向緊縮，很多快速成長股當下並不賺錢，偏高的估值溢價反映未來獲利大幅成長的期望，並藉由折現率折回現值，因此當利率快速上升時，股價合理價格也會大幅下修。

3 周期股：1 年抵 10 年的買賣，不是大賺就是慘虧

基本面驅動主要來自兩方面：景氣周期波動、事件影響。

周期股受景氣周期波動的例子，比方像機械、航運、原物料、化工。在景氣開始好轉的時候，機械相關族群受惠於製造業訂單回升，廠商對於設備需求增加，業績表現會較好；航運及原物料大多時候處於供過於求，但在景氣過熱階段時，強勁的需求才會逆轉供需格局；化工品下游很多與消費有關，景氣須看終端消費需求變化；但也有一些行業會走出獨立周期，如生豬養殖，如果母豬存欄（指牲畜在飼養中，用於統計飼養中的牲畜頭數）出現大幅下滑，按照生豬繁養及育肥時間推算，就可以預期一年後生豬產量會對應下降，加上人均豬肉消費量變化不大，豬價主要反映供給變化，一旦減少至總量低於生豬存欄臨界點，豬價就會快速上升。

• 買在預期產品價格將加速上漲時

周期股受事件驅動的例子，如 2022 年的能源股，烏俄戰爭開打導致歐美制裁俄羅斯石油出口，市場對於原油供給預期的減少帶動油價飆漲，俄羅斯從逐步減少到關閉通往歐洲主要的天然氣管北溪一號，導致歐洲天然氣預期出現短缺，又帶動了天然氣期貨價格大幅上漲。因此，做為能源三兄弟的煤炭股，火電承擔了更高的發電任務，需求的增加也推動煤炭價格進一步走高。

投資周期股的時候，產品價格的二階導數是最重要的，股價表現最好的階段，通常不是產品價格上漲的時候，而是預期產品價格將加速上漲時。如果因為景氣周期原因買進，就需要觀察新增供給開出的時間，如航運業供需缺口擴大的時候，由於新船建造周期需要 1.5 ～ 2 年，因此，這段時間運價就會比較堅挺，需求成長的速度越快，運價上漲的幅度就愈大；如果是因為事件驅動買進，就需要留意事件的後續發展，供需缺口是否會發生變化，如目前歐洲天然氣價格因為俄國斷供再度大漲，但未來如果烏俄出現和談曙光，天然氣價格下跌的空間就很大。

買進最好的時機在於，投資人確認公司營運處於復甦早期，此時，由於公司獲利仍然處於谷底，因此本益比估值偏高，但股價淨值比偏低，買在股價尚未大幅上漲之前，所獲得的安全邊際最高。如果最終看錯行情，產品報價回落，股價最多就回到長期底部附近；如果看對，隨著產品報價由歷史低點回到歷史中樞位置，就足以給投資人帶來豐厚的股價回報。

• 基本面佳但股價漲不動，就要準備出場

也就是說，除非你是這個行業的專家，對於判斷價格走勢很有信

心，否則這類族群切忌追高，如果報價回到歷史高點附近或創下歷史新高，建議逢高減碼，因為股價一般領先基本面。當我們看到周期股基本面表現還很強勁，但股價已經無法繼續向上，通常代表市場對於未來預期開始出現分歧。尤其是出現在周期位置相對較高的時候，十有八九都要離場，一旦基本面出現瑕疵，其股價多半已經下跌一大段。

2022 年的航運股，儘管航運公司的基本面表現還是很強勁，對於運價未來展望樂觀、預期新船交付會推高獲利表現，但 2021 年下旬起股價卻出現大跌，因為市場已經開始反映高通膨可能引發的衰退預期。而從 2022 年美國零售業巨頭 Target、Walmart 的半年報中，都出現了明顯的消費品庫存堆積，零售業者選擇優先去庫存而暫緩拉貨，導致運價開始走低。因此，投資人對於產品價格持續看漲、營收持續走高，但是股價已經高點開始下跌的周期股，就需要重新梳理行業基本面邏輯。

❹ 高股息：配合基本面改善也可大賺一筆

高股息公司所處的行業多半處於成熟期，成長空間非常有限，而且不太需要增加資本開支，此時每年產生的自由現金流量就可以透過股息發放給股東，比方像電信、鐵路運輸、公用事業等行業。這些長期基本面波瀾不興的公司，一般做為資產配置目的較多，穩定的基本面加上低估值、高股息，在景氣下行時就會吸引避險資金進駐。防禦屬性可以為投資人的資產組合帶來對沖效果，股價除了相對抗跌，甚至會在大盤下跌時逆勢上漲。

• 年年配息、股息持續成長才是好標的

有些周期股也是屬於高股息股，比方像是金融、航運、能源等，這些行業在景氣周期大多數時候股價表現平淡，行業處於供需平衡或

小幅供過於求，公司缺乏再投資誘因，利潤多半以股息方式回饋股東。但當景氣運行到合適階段，像是 2021 年的航運股，因為疫後商品消費大增，對於貿易運輸需求增加帶動運價上漲，獲利能力出現大幅提升；或是 2022 年以來的煤炭股，受到高通膨及能源緊缺影響，煤價持續走高。

因此，一旦周期屬性的高股息股票出現基本面改善預期，就容易帶動股價大幅上漲，表現出快速成長股的特徵。但有一點值得注意，多數周期屬性的高股息股會因為景氣上行而大漲，自然在景氣下行時期不會表現抗跌。

挑選高股息個股的重點在於股息成長，也就是具備長期配息紀錄、股息金額持續成長、營運能夠穿越周期的公司。如可口可樂，2022 年公司股息率大約 3％，過去股息金額長期也都隨著獲利成長而增加，股神巴菲特在 1988 年買進時成本不到 2.8 美元，2022 年可口可樂預計配息 1.76 美元，光配息金額就相當於初始投資成本的 62.8％。

如果是做為退休需求配置高股息股票，那麼能夠提供持續、穩定的股息收入就變得很重要，建議投資人在選擇時，可以參考過去 10 年以上的配息紀錄，看看是不是有某些年份股息突然大幅縮水，如果公司的基本面仍然持續成長，那麼每年配息金額就可以持續增加，如美國掛牌的一檔地產租賃 REITs 標的 Realty Income，或者是高端菸草供應商奧馳亞集團。

▪ 殖利率驟降、基本面惡化須賣出

高股息股賣出的理由有兩種，第一是殖利率大幅下降，如果基本面改善帶動股價大幅上漲，或是公司盈餘需要投入新的產能擴充計畫，則股息金額跟不上股價漲幅，殖利率就會下降。當一檔高股息股

因為股價上漲，殖利率由6％降至3％，意味著股價已經有翻倍的報酬率，如果有更好的標的就可以更換。

第二種是基本面預期出現惡化，比方像景氣下行周期的銀行股，投資人喜歡買銀行股做為存股標的，主要看中每年穩定的配息。但銀行股也是典型景氣循環股，尤其在景氣顯著惡化期間，銀行的壞帳率會快速提升，貸款活動會大幅減少，獲利下滑，股價自然暴跌，股利也會大幅縮水。簡單來說，當公司未來可能不再符合高股息股條件時，就可以減碼了。

5 轉機股：壞孩子不容易變成好孩子

這是難度相對較高的類型。很多轉機股在危機之前是好學生，卻因為行業因素、公司決策錯誤、政策監管導致商業模式或競爭優勢受到破壞，獲利也大幅下滑。俗話說落難的鳳凰不如雞，此時的股價也在投資人大幅拋售之下陷入低谷。有些公司經過管理層改革調整後，會慢慢適應新的競爭環境，最終業績重回成長軌道；但這種醜小鴨變天鵝的故事大多發生在童話裡，現實的情況是，大多數公司很難再從泥濘中爬出來，而真正有轉機的公司，當投資人意識到的時候，股價往往也已經大幅上升。挑選轉機股對多數人來說難度太高，我的職業生涯中，幾乎沒有投資過此類的公司。

● 百麗浴火重生，是少數中的少數

2007年，香港一代女鞋霸主百麗（BeLLE）登陸港交所，上市時股價6.2港幣（市值約500億港幣），上市後在巔峰時期線下直營門店超過2萬家，市值也翻了3倍達到1,500億港幣。後來受到電商崛起及快時尚品牌的擠壓，公司營運開始每況愈下，終於在2017年由高瓴和鼎暉資本牽頭私有化，私有化價格每股6.3港幣，幾乎等同上市時股價。

私有化後，高瓴資本持有近 57％股權，並開始主導一連串改革，儘管當時百麗女鞋市占率持續下降，但運動鞋服卻出現高成長，是中國當時最大的運動鞋服零售商，客戶涵蓋國內外各大品牌。2019 年 10 月，百麗旗下的運動鞋服業務以滔博國際（6110.HK）登陸港交所。

此外，女鞋業務在經過 5 年整頓之後，重新梳理品牌定位、加大電商業務布局、數位化轉型，傳統通路銷售由 2017 年下市時的 70％以上，降低到 45％以下，取而代之的是電商通路，從當時不到 7％提升到超過 25％。並在淘寶、抖音等傳統電商及短影音平台創下優異的銷售額，營收及利潤重回成長趨勢。百麗也於 2022 年 3 月，在港交所重新遞交上市申請。

但其實，百麗的浴火重生是少數中的少數。

❻ 資產股：有土斯有財，關鍵在於財產價值

這類型的投資比較偏向於絕對價值，或者清算價值概念。當公司所有資產（有形資產、無形資產）加總後，扣除各種債務費用、契約義務等支出，剩餘價值如果比公司市值還高，代表公司市值被低估。也就是說，當投資人以目前股價將公司私有化，再逐一出售資產、清償債務，最終會產生收益。實務上比較簡單的判斷方式在於，如果公司帳上的某些資產變現價值已經高於公司當前市值，如公司在市中心有大量低成本土地儲備，光土地市價就高於公司當前市值；或是持有一個龐大的投資組合，這些上市及未上市股權價值就高於公司市值，投資人如果將公司私有化，相當於公司經營業務是白送的。

• 優先考量資產價值及價值穩定性

資產股首先在於判斷公司的核心資產，其次在於資產價值及價值穩定性。核心資產包含有形資產與無形資產，常見的有形資產包含約

當現金存款，或者是土地、廠房等固定資產；無形資產比較常見的有公司投資股權、公司商譽、專利權、轉播權、航空公司黃金時間帶等。

判斷資產價值方面，有形資產估計相對容易，無形資產就困難許多。投資人在計算有形資產時，需要以正常情況下出售的價值計算，這當中現金、土地價值相對確定；但存貨、廠房帳面價值與實際售價差距較大，如存貨，鋼鐵廠的鋼鐵存貨屬於原物料，每噸價格是確定的，但是紡織廠的衣服存貨，在過季之後價值就會大幅打折。無形資產價值可以用未來產生的收益價值折現，如藥廠專利如果剩下 5 年到期，則專利價值相當於這段時間可以產生的銷售收益。

再來是價值的穩定性。如果公司資產價值來自市中心精華地段的土地庫存，因為土地價格短時間內變動不大，資產價值具有高確定性；但如果公司的資產價值來自於龐大的股權投資，由於股票價格時時在變，資產價值的確定性就不高。

▪ 股價長期低迷表示營運有問題，不宜介入

按理說，當資產價值高於公司市值時，投資人應該買進，等待市值回升；但多數情況是，買進之後，公司的價值與市值差距並沒有收斂。其實想想就明白，如果一家公司股價長期都不能反映資產價值，憑什麼投資人認為一買進，股價就會上漲呢？而這種局面多半與管理層有關，如管理層漠視股東權益，對於資本市場沒有良好溝通，或是公司本業經營存在問題，即使私有化後出售核心資產，也會剩下一家燙手山芋的公司，後續接手經營或是賣掉公司的衍生成本可能較高，那股價長期價差就不一定會收斂。

如果有外部重要機構介入公司經營，透過收購流通在外股權成為大股東，並進入董事會迫使管理層做出變革或主導資產剝離，則比較有可能釋放公司潛在價值，投資人跟隨買進搭順風車的方式，勝率會比較高。

第五章

各行業關鍵指標與實戰

有句話說隔行如隔山，投資人不太可能徹底了解每一個產業，但可以了解每一個行業的經濟屬性，知道行業重要的關鍵變量，就可以快速縮小標的範圍，再針對個股進行研究。書中列舉投資者比較常接觸到的幾個大類型行業，例如金融、消費、電子、醫藥、工業、原物料，並針對其中幾個細分行業說明。

在衡量行業公司的時候，除了一般的審美標準，也可以試著放下框架，看看有沒有其他可能。例如零售賣場行業利潤大多來自產品的薄利多銷，賺高存貨周轉率的錢；但 Costco 的會員制商業模式，讓會員費收入成為公司主要利潤來源，而不是商品銷售利潤，這也讓公司營運具備較高的抗周期風險。

🔢 金融股

　　主要分為銀行、保險、證券 3 類，一直以來，金融股的高槓桿特性、對於經濟周期的重要性，成為政府重點監管的行業。以下針對銀行及保險業展開分析，證券股相對於指數的波動性較高，因為當指數大漲（重挫）時，證券公司的經紀業務會受惠於成交量上升（下降）。此外，自營業務帳上利潤也會同步上升（下降），利潤彈性在市場大幅波動期間會明顯放大；但個股長期跑贏指數機率較低，因為行業為屬於完全競爭性質，就算公司提供更好的交易介面或額外選股功能，投資人也可能只開戶來使用相關功能，下單時仍會選擇交易手續費率最低的幾家券商。因此，投資人可以買進證券 ETF 取代個股選擇。

▪ 銀行業

觀察指標

行業觀察指標	
信貸規模、利率環境、信用風險、流動性風險	
公司觀察指標	
經營效率指標	ROE、ROA、效率比率、淨息差、低成本存款
財務指標	壞帳率、撥備覆蓋率

行業特性

　　銀行為經濟之母，一個持續成長的經濟體，離不開銀行的融資功能。銀行在經濟發展各階段扮演的角色也不同，經濟體發展前期，主要由製造業拉動，固定資產投資需求旺盛，銀行放貸利潤主要來自工商製造業融資需求；而當經濟體逐漸發展成熟，人均所得提升帶動消費升級，經濟驅動力逐步轉為消費拉動，此時消費性貸款、財富管理業務，就成為銀行重要的成長動能。

　　基本上，優質銀行獲利會伴隨景氣成長，股價也會呈現長期走升趨勢。但在投資銀行業時，因為行業的高槓桿特性，風險意識永遠要擺在追求收益之前，從嚴認定壞帳標準、低壞帳率、高撥備覆蓋率的公司，會讓投資人在行業逆境時有足夠的緩衝空間。

行業進入門檻

　　進入門檻建立在 3 方面，分別是營業牌照、資本門檻、轉換成本。

　　營業牌照取得難度高：銀行是高度監管行業，各種業務的經營牌照越齊全，意味能夠開展的業務越多，競爭能力越強。

　　高資本門檻：台灣法規對銀行要求的法定資本適足率為 8％，系統性重要銀行要求達到 11.5％。以玉山金控為例，2021 年加權性風

險資產總額新台幣 1.72 兆元，以公司資本適足率 13.97％計算，光是股東權益（資本）就高達 1,767 億元。

高用戶轉換成本：薪資戶大多是消費者的慣用帳戶，主要用於日常提領、信用卡帳單扣款、約定轉帳、跨行轉帳等需求，更換帳戶過程手續繁瑣，部分功能必須臨櫃辦理，除非特殊原因，使用者一般不會輕易更動。

> **資本適足率**（capital adequacy ratio）：
> 銀行自有資本占風險性資產的比率，《銀行法》規定的法定資本適足率為 8％

行業觀察指標

業績成長主要受信貸規模與利率環境影響，風險指標可以留意信用風險、流動性風險。

信貸規模：信貸規模變化大多與景氣連動，當經濟活動旺盛時，居民對於消費性貸款及住房貸款需求較強，企業則傾向融資擴充廠房設備，銀行在此階段信貸規模會相對應提升，等同於生息資產增加，也代表著銀行生意興隆。因此，放貸對象以工商製造業為主的銀行，可以觀察固定資產投資增速、PMI 等數據；以消費信貸為主的銀行，可以觀察消費增速、房地產銷售增速。

利率環境：銀行存放款利差擴大時，相當於每單位放貸金額產生的利潤增加，會進一步增強銀行放貸動機。銀行利差擴大主要來自於升息環境，當央行升息時，銀行會同步調整存放款利率，而放款利率調升幅度通常高於存款利率，帶動利差走高。反之，降息環境利差走低，息差表現通常較差。

信用風險：俗話說「借錢的最怕倒帳的」，在穩健經營原則下，

銀行必須始終如一地謹慎放貸。但真實的情況是，很多銀行會在景氣熱絡時高估貸款人還款能力，導致輕率貸款給還款能力不足的人，來換取經營業績成長，並在景氣下行時產生大量呆帳。因此，管理層在景氣過熱時保持理性需要紀律，只貸給能夠按時還款的債務人，就能在景氣逆風時安穩度過。此外，銀行放貸對象需要盡可能多元化，以避免單一行業景氣風險；投資人須關注壞帳率變化趨勢，尤其在景氣開始出現疑慮時，壞帳率上升必然會引發股票估值大幅修正。

流動性風險：銀行保留適當流動性之後，會將多數資金借貸出去產生利息收入，但當金融體系發生系統性風險時，大量存款人擠兌之下，就會造成銀行流動性緊張。此時其他銀行如果暫停同業拆款來增強自身流動性，就會造成同業拆款利率大幅飆升，引發金融市場震盪。

公司觀察指標

首選大銀行或區域型龍頭銀行。大銀行的優勢在於，一是業務比較全面，舉凡存放款、外匯交易、票券、債券交易、財富管理等業務，較小銀行更容易調整業務結構，在升息時增加信貸資產，在降息環境增加手續費收入（保單收入、信用卡、財富管理）。此外，大銀行可以背靠金控體系交叉銷售產品及服務，以增加手續費用收入；二則大銀行更容易將貸款轉售出去，以降低利率風險；三則具備規模優勢，每單位資產創造的收益要高於中小銀行。因此，資產規模較大且業務多元分散的銀行，具備較高核心競爭優勢。

優秀銀行通常具備以下幾項特質。

ROE 超過 10%、ROA 超過 1%：銀行是高槓桿行業，對於 ROE 要求理應較高；ROA 則是衡量單位資產可以創造的利潤。使用以上兩個指標時，要注意非經常性影響，例如減少貸款減值準備的提撥會虛增盈餘，造成 ROE、ROA 偏高，投資人可以透過量化篩選出標的池

（Stock Pool），再從這些少數公司去細看財務內容。

息差表現優秀：是衡量銀行生息資產獲利能力的常用指標，需要與同業比較，淨息差的高低取決於生息資產的收益率與成本率差異。在利息收入端，零售貸款普遍優於企業貸款，零售貸款除了房貸以外，其他消費性貸款因為額度小，利率普遍較高，同時涉及個人信用影響，整體壞帳率較低；企業貸款則因為額度大，銀行在利率的議價能力較差，同時景氣下行期間壞帳率容易大幅提升。因此，零售貸款相對於企業貸款更為優質。

淨利差（Net Interest Spread, NIS）＝生息資產收益率－付息負債成本率＝（利息收入／平均生息資產）－（利息支出／平均計息負債）

淨息差（Net Interest Margin, NIM）＝生息資產收益率－生息資產成本率＝淨利息收入／平均生息資產＝（利息收入－利息支出）／平均生息資產＝（利息收入／平均生息資產）－（利息支出／平均生息資產）

＊計息負債主要包含存款、同業存款、發行之債券
＊生息資產主要包含貸款、投資資產、存放中央銀行準備金、同業拆款

效率比率偏低：需要與同業比較，在於衡量銀行創造每單位營收所需的營業成本，非利息費用包括員工薪資、租金等行政費用，該比率越低，表示經營效率越好。

效率比率＝（非利息費用／營收），小銀行通常較高

低成本存款較多：例如國泰世華銀行，除了是國泰集團員工薪資戶，也是眾多中小企業的薪轉戶。薪轉戶在每月薪資入帳後，銀行只

需支付最低的活存利率，是穩定且便宜的資金來源。

低壞帳率、高撥備覆蓋率：嚴謹的風險控制對銀行業非常重要。在從嚴認定不良貸款之下，優秀銀行的壞帳率通常低於 1.2％，如果超過 2％就需要關注；撥備覆蓋率要求為超過 100％，優秀銀行該比率會高於行業平均，但比率太高代表公司過度提撥壞帳準備，有藉由撥備覆蓋隱藏利潤的嫌疑。

不良貸款：超過 90 天未正常償還的貸款

撥備覆蓋：銀行每年從獲利中部分提撥做為壞帳對沖準備

壞帳率＝不良貸款／總貸款金額。該比率越低，貸款品質越高

撥備覆蓋率＝不良貸款提撥準備／不良貸款。該比率超過 100％，代表銀行在不良貸款方面的抗風險能力較強

公司案例

以招商銀行（600036 CH）為例，公司為中國股份制商業銀行龍頭，擁有商業銀行、金融租賃、基金管理、人壽保險、境外投行等多個金融牌照，經營業務多元化，也是最早轉型消費金融的銀行之一。加上持續投入金融科技研發，在經營能力、資產品質表現優於同業。

公司核心優勢表現在：

息差表現優於同業：公司為眾多中小企業薪轉戶銀行，低成本活期存款占比高達 66％，為行業中最高，具備負債端成本優勢。

收入多元化：公司經營牌照齊全，手續費及佣金收入營收占比超過 30％，呈現持續上升趨勢，相較於信貸業務占比較高銀行，具有較強抗周期能力。

資產品質優秀： 信用貸款業務中，來自個人貸款占比由 45％逐年提升到接近 55％；公司貸款占比則由過去 50％逐年下降到 40％。因此，對公貸款占比較低導致不良貸款率表現優於四大行。不良率及關注類貸款比重低於 1％，撥備覆蓋率接近 450％，表現優於行業平均。財務數據方面，公司 2021 年 ROE、ROA 分別達到 14.0％、1.4％，同年行業數據為 10.7％、0.9％。

股價走勢來看，過去 10 年（2012/9/30 ～ 2022/9/30）公司股價報酬率 396.5％，年均複合報酬率 17.4％，而同期滬深 300 指數報酬率僅 72.6％。公司股價淨值比（PB）估值過去 10 年大致落於 1.1 ～ 1.8 倍（行業平均 0.8 倍），高估值體現市場對於公司資產及經營的肯定。公司股價自 2021 年 5 月見高後開始下跌，目前估值再度回到歷史區間低檔，主要受到中國經濟下行影響，消費及地產貸款增速開始下滑，加上多家地產開發商財務危機，引發對於壞帳率上升擔憂。如果核心競爭力沒有受損，下一次銀行周期回升時，公司估值有望重新擴張。

招商銀行（600036 CH）月線走勢

開盤	33.26	市值	8817.83億	52 周高點	56.23
最高	33.95	本益比	6.82	52 周低點	32.59
最低	33.12	殖利率	4.52%		

資料來源：Google

▪ 保險業

觀察指標

行業觀察指標		
景氣周期、利率環境、股市表現		
公司觀察指標		
經營效率指標	首年度保費（FYP）、新業務價值（VONB）、代理人團隊、穩健的管理團隊、ROE、ROA	
財務指標	資本適足率、存續期間匹配度	

行業特性

　　分為壽險與產險兩類，產險相對於壽險競爭激烈，綜合成本率接近 95％或以上，利潤率很難超過 5％，這裡只討論壽險行業。

　　人壽保險的獲利主要來自死差、利差、費差，死差為保單設計時假定的死亡率與實際死亡率之差；利差則為保險公司投資收益率與預定利率之差；費差為公司預計支出與實際支出之差，以上三者分別為正數時對應產生利潤收益。一般來說，死亡率為大數據統計結果，每年變化幅度不大，正常情況下壽險保單都能夠取得正收益，但如果是偏年金類的產品，則保險公司需要將保費再投資取得收益以支付保單預定利率，投資風險就會較高。投資人也可以簡單理解為，保險公司獲利相當於首年度保費、續繳保費、投資收益加總後，扣除保單理賠金額、支付股東股利、遞延成本攤銷，大致就成為經營利潤。

行業進入門檻

　　這是一個競爭相對充分的行業，儘管金融牌照申請存在門檻，但保單設計同質化程度較高，熱賣保單往往會成為同業競相模仿的對象，難以創造持續性的競爭優勢。

　　大型的保險公司具有明顯優勢，其一在於強勢的品牌，如南山、

國泰、富邦等知名品牌對保戶會產生信賴感，理賠條件也會比較好；其二在於行銷通路，包含代理人團隊、銀行通路都會比中小型公司更具備曝光度；其三在於穩健的資產品質，對於資產與負債存續期間的匹配程度越高，經營越穩健。中小型保險公司儘管經營風險較高，但對保戶影響有限，主要因為台灣有保險安定基金，可能倒閉的保險公司也有尋求大型保險公司接手的案例，如 2014 年國泰人壽接管幸福人壽。很顯然的，對於投資人來說，具有悠久歷史、大型的保險機構，會是比較穩健的選擇。

行業觀察指標

景氣周期：首年度保單銷售通常在景氣周期上行時期表現較好，由於保單繳費期間長達數年，消費者在做購買決策時會衡量自身未來現金流，景氣上行期間，一方面人均所得上升會讓購買力增加；一方面股市、房市表現較好，財富效應也會帶動消費意願提升。

利率環境：保險公司買進長期債券多是為了匹配保單存續期間，以持有到期為主，因此，在央行升息期間，新承做的長期債券會因為債券利率上升而減少利差損壓力，例如保單利率 2%，而債券利率由 3% 提升到 4% 時，相當於利差由 1%（＝ 3% -2%）提升到 2%（＝ 4% -2%），同時，對應的保單準備金提存也會減少。但如果是公司自有資金買賣，以賺取價差為主，那就會蒙受損失了。

股市表現：保險公司主要資產配置涵蓋股票、債券、房地產等，當股市處於牛市時，保險公司帳上權益資產投資報酬率也會上升，增加公司利潤。

公司觀察指標

衡量保險公司經營效率的指標包含：

首年度保費（First Year Premium, FYP）：保險公司保費收入由首年度保費與續期保費所構成，當公司首年度保費收入增速快於同業時，代表公司保費市占率正在提升。

新業務價值（Value of new business, VONB）：新業務價值為銷售保單的所有未來預期獲利折現值，新業務價值成長越快，代表公司整體價值越高，該數值除上年化保費為新業務價值率，比率越高代表保單利潤率越高。

代理人團隊：代理人為保險公司業務員，是保單銷售的核心骨幹，代理人數量穩定成長有助於推動首年度保單銷售增速，而較高的留存率，則可以降低公司的培訓成本。

資本適足率（RBC）：衡量保險公司對於風險的承受能力，風險資本涵蓋投資資產風險（價格波動）、保險風險（賠付風險）、利率風險（資產負債期限風險）、其他風險（經營風險）4 類。比率越高代表風險承受能力越好，該比率要求合格保險公司應該超過 200％，但優秀的公司可以達到 300％以上。

資本適足率＝自有資本額／風險資本

資產與負債存續期間匹配度：匹配程度越高的公司，利率風險越小。當利率發生變動時，會同時影響公司資產與負債帳面價值，如果保險公司 10 年期以上保單負債與公司持有的對應固定收益資產比例相近，就不太會受到利率大幅波動影響，償債及經營能力就更穩定。

穩健的管理團隊：在投資金融行業時，投資人應該迴避過於追求成長表現的管理團隊，風險意識較強的管理層長期經營會比較穩健。不跟風同業推出最熱門的保單需要勇氣，謹慎選擇客戶、管理資產與

負債的存續期間需要紀律，在金融業，不願承擔額外風險的公司才是投資人的朋友。以這次的防疫保單之亂來看，2022 年初至 9 月初，產險行業整體賠付金額已經超過 800 億元，而年度防疫險保費收入僅約 45 億元，且理賠金額仍然持續走高，巨額賠付也導致多家產險公司被迫啟動增資程序。

ROE、ROA：相對於行業平均表現如何，經營品質越高的公司，這兩個指標表現也越好。

公司案例

以友邦保險（1299.HK）為例，公司成立於 1919 年，業務涵蓋 18 個國家市場，是亞洲最大保險集團，AIA 品牌具備悠久歷史。公司常年估值高於同業，主要原因在於公司穩健且優秀的經營成績，具體來看包含：

強勁的新業務價值成長及利潤率：2021 年新業務價值上升 18％ 至 33.66 億美元，新業務價值利潤率上升 6.3％ 至 59.3％；5 年 ROE 平均 11.8％ 略低於同業，主要因為公司負債率較低；ROA 平均 2.2％ 則大幅優於同業。

友邦保險的觀察指標與同業比較

資料來源：WIND

聚焦高淨值客戶：公司代理人團隊中擁有高學歷人才比重以及整體留存率都較高，擁有百萬圓桌會員（Million Dollar Round Table, MDRT）資格的代理人數連續 7 年全球第一。

資產與負債存續期間匹配度高：公司 10 年期以上的固定收益資產占比 77％，僅比 10 年期以上保費負債高約 5.5％。

資本適足率維持在 300%～ 400%：高於同業表現。

內含價值受到利差影響小：公司利潤主要來自費差及死差貢獻，占 2021 年營運利潤 70％，較低的年金類商品占比，讓公司在面對利率風險時影響低於同業。

> **內含價值：**
> 不考慮公司未來保單銷售能力下的公司價值，相當於淨資產與有效業務價值總和，有效業務價值為保單未來可分配的現金流量折現值

股價走勢來看，過去 10 年（2012/9/30 ～ 2022/9/30）公司股價報酬率 184.6％，年均複合報酬率 11.0％，而同期恆生指數報酬率為 -11.6％。公司 5 年平均內含價值倍數（Price to Embedded Value, PEV）估值落在 2 倍左右，顯著高於行業平均。高估值體現市場對於公司資產及經營品質的肯定，公司股價自 2021 年 5 月見高後開始下跌，目前估值再度回到歷史區間低檔，一方面受到疫情反覆影響，中國赴港購買保單人數下降，一方面受到美國聯準會激烈升息政策影響，外資加速流出亞洲各股市，香港股市受到衝擊明顯。如果核心競爭力沒有受損，則在下一次銀行周期回升時，公司估值有望重新擴張。

友邦保險月線走勢

開盤	70.15	市值	8360.33億	CDP 得分	B
最高	70.55	本益比	29.89	52 周高點	92.50
最低	68.65	殖利率	2.12%	52 周低點	64.10

資料來源：Google

❷ 消費股

可以分為商品消費與服務消費兩大類。商品消費依照消費頻率又區分為消費必需品與非消費必需品兩種，必需品泛指日常生活中購買頻率較高、遞延消費程度較低的商品，例如調味料、乳製品、啤酒、零食、麵包等；非消費必需品則是指購買頻率較低、遞延消費程度較高的商品，如 3C 產品、汽車、家電等。而服務消費範圍廣泛，包含旅遊度假、餐飲、教育、醫療等。

由於消費場景眾多，加上人均所得提升帶動消費升級，因此也是牛股輩出的行業，以下舉例兩個商品消費行業（消費必需、非消費必需），以及兩個服務消費行業（零售賣場、餐飲）介紹。這當中，消費必需、零售賣場行業競爭格局較好，受景氣波動影響較小，是大牛股最常出沒的地方。

▪ 消費必需品

觀察指標

行業觀察指標	
原物料價格、產品安全及訴訟風險、政府監管、降價壓力	
公司觀察指標	
經營效率指標	悠久品牌、規模優勢、新產品開發、增加銷售據點、購併綜效
財務指標	毛利率、淨利率、ROE、ROIC、自由現金流量、現金轉換周期

行業特性

　　這是長期大牛股的搖籃，如果說投資是滾雪球需要長坡厚雪，長坡則來自於行業成長空間，確保成長天花板夠高；厚雪則來自於競爭格局穩定，行業龍頭優勢可以得到累積。多數消費品後期都會形成二八效應，也就是多數市占率及利潤集中在少數的公司手中，持續成長、穩定的競爭格局是股價長期上漲的驅動力。

　　消費升級是行業重要趨勢。支撐邏輯在於人均所得持續提升，帶動中產階級快速擴張，激發民眾對於美好生活的追求，從「用得起」轉為「用得好」。例如醬油行業，20 ～ 30 年前很多人家裡炒菜調味只用某家醬油，現在多數小家庭廚房中的醬油就好幾種，有薄鹽醬油、水餃醬油、海鮮醬油、蠔油等調味品，這就讓每個家庭在醬油這個品類的支出相對以往提升，支撐行業龍頭業績成長。

　　消費必需品單一產品售價低，加上剛性需求特徵，在通膨時期可以透過產品漲價轉嫁原物料成本上漲壓力；而當原物料價格重新下行時，產品價格並不會跟隨下調，帶動長期利潤率走升。

行業進入門檻

門檻偏高，高端產品看品牌，平價產品看銷售通路、規模效應。

高端品牌看溢價：這類產品的高頻屬性體現在產品的上癮性，品牌價值則帶來產品溢價，是高利潤率的來源，例如高端菸酒、化妝品，但維護品牌價值需要投入大量行銷資源，像是廣告代言、營銷活動等。

平價品牌看形象：優秀品牌經過長期發展後，會逐步占領消費者心智，成為消費者購買產品時第一個聯想到的品牌。例如，提到巧克力會直覺想到金莎巧克力，提到碳酸飲料會想到可口可樂，其他的優秀品牌包含桂格燕麥、Mister Donut、滿漢香腸、樂氏洋芋片等，這是品牌長期累積的口碑，成為刻在消費者身上的 DNA。

銷售通路優勢：平價消費必需品像是牛奶、雞蛋、調味品、衛生紙、零食等，消費者傾向於一站式購足，廣泛、有效的觸及消費終端就非常重要，越能夠占領終端通路貨架的商品越占優勢。近年來，銷售通路也走向多元化，由傳統的便利店、零售賣場，拓展到電商平台、社群平台、新零售等新興業態，對行業形成新的機會與挑戰。

規模效應顯著：平價消費品像是衛生紙、護理用品可以透過大量生產壓低單位成本，使終端銷售價格比同業更具競爭力。

行業觀察指標

高頻消費、剛性需求的特性，使行業營收具備穿越周期能力，行業的觀察指標，更關注風險端的部分。

估值長期偏高：高估值體現行業的高確定性，當股價經過長時間上漲後，估值往往變得昂貴，這種情況最常出現在牛市後期。過高的估值意味未來預期收益偏低，但是在股市大跌的時候，以低於合理估值的價格買進，就會得到很好的長期報酬率。

原物料價格：當原物料價格處於上漲周期時，如果需求仍然強勁、終端庫存處於低檔，透過產品漲價轉嫁成本壓力會比較順利；如果需求表現較弱，則需要庫存去化之後，產品漲價才有效果。此外，行業漲價時間落後於原物料價格上漲，意味短期利潤率仍會受到影響。

產品安全及訴訟風險：嬌生（JNJ.US）爽身粉中的石棉成分具有致癌風險，在長達 20 年訴訟之後，被美國法院判賠超過 2 億美元。當行業出現產品安全問題時，其他競爭對手市占率往往會受惠上升。

政府監管：部分行業如電子菸（美國）、化妝品（中國）存在政策監管風險，一旦公司核心銷售產品因為政策監管被限制銷售，就可能對獲利產生較大影響。例如，美國 2022 年計畫修法禁止含薄荷醇的電子菸，以避免該風味的易上癮性，對年輕人健康造成危害。中國則於 2022 年 7 月起施行《化妝品生產品質管制規範》，對於生產廠房、品質保證、原物料與產品不合規企業，須於 2023 年 7 月之前改善。

降價壓力：大型零售賣場為消費必需品重要銷售通路，可能面臨通路大量採購帶來的產品降價壓力。

公司觀察指標

公司業績要長期維持成長，長期的關鍵來自於悠久品牌、規模優勢，成長則來自產品開發能力、增加銷售據點、購併綜效。各個細分領域的龍頭公司，一般是投資的優先選擇，當競爭格局趨於穩定，龍頭領先優勢往往可以維持很長時間。

新產品開發：以暢銷產品為基礎，開發出其他衍生產品，這種做法成功率較高，如可口可樂以經典款為基礎，在口味上延伸發展出零卡可樂、檸檬口味、櫻桃口味等多種產品，風險會比開發全新的產品要低，缺點則在於對銷量的刺激也較弱，屬於比較安全的做法。而開

發一個全新產品需要投入大量時間及資源，消費者接受的程度只有在產品推出後才知道，失敗風險相對較高。公司如果在既有產品上做延伸，偶爾透過購併取得已經成功的產品，會是比較可靠的做法。

增加銷售據點：方法在於對既有據點進行加密，或者開拓海外市場。在既有業務區域內增加銷售據點，可以拉動品牌曝光度及銷量提升；而開拓海外市場則成長空間更大，但是進入新市場除了要面對既有競爭對手，還必須克服飲食文化差異，例如歐美的紅酒文化，對於中國白酒文化接受度就不高，但啤酒卻可以全球銷售，一旦成功切入新市場，意味公司營收體量可以更上層樓。可口可樂、雅芳、高露潔等跨國消費必需品巨頭，海外市場營收占比甚至高於國內，成就公司龐大的市值。

購併綜效：透過購併是取得新產品線或新銷售通路最有效的方式之一，也可以促進產能規模經濟，透過購併取得的新產品可以引入既有銷售通路中，也可以透過通路互補讓公司產品進入到新的市場。但購併也會產生商譽，如果商譽金額增加過快、占總資產比重太高，未來商譽減值可能會導致利潤大幅波動。

優秀的財務數據：觀察指標包含毛利率、淨利率、ROE、ROIC、自由現金流量、現金轉換周期等。以產品為導向的公司，通常能創造高於 50％的毛利率、高於 20％的淨利率；以通路為導向的公司，或者具有保存期限的產品，就需要更看重存貨周轉率；此外，ROE 一般能在負債率較低的情況下達到 15％以上，並持續產生大量自由現金流量；最後，現金轉換周期越短，代表公司對供應商的議價能力越好。

公司案例：可口可樂

深厚的品牌形象：可口可樂已經成為碳酸飲料的代表，且大多出

現在聚會、餐廳等輕鬆休閒的場合，年輕、快樂的產品形象深入人心；加上公司「無所不在」的行銷策略讓可口可樂長期高度曝光，已經深入消費者潛意識中。即使可口可樂與百事可樂風味相近，消費者仍會優先選擇可口可樂，體現出品牌的強大價值。

優秀的產品開發能力：公司以可口可樂為核心，發展出全方位飲料品牌集團。旗下的可口可樂、健怡可樂、芬達、雪碧成為全球前 5 大飲料品牌中的 4 個。除了碳酸飲料，公司透過研發或購併發展氣泡水（舒味思）、果汁（美粒果）、茶類（爽健美茶、原萃）、運動飲料（動元素）等其他知名產品，以上產品都有在台灣各大零售通路上架。

強大的銷售通路：公司與當地瓶裝廠簽訂多年合作協議，由公司提供關鍵濃縮液，瓶裝廠依照比例稀釋代為生產，並負責當地推廣銷售。目前公司在全球 200 多個地區每天銷售超過 19 億瓶飲料，其通路深入餐廳、夜店、電影院、遊樂園、販賣機、賣場、零售店，無所不在的可口可樂，是品牌深植人心的關鍵。

強勁的財務數據：公司毛利率長期維持在 60％附近，淨利率由 15％～20％提升到 20％～25％，ROE、ROIC 呈現長期走升趨勢。2017 年可口可樂利潤率曾經出現過短暫下滑，主要與公司調整瓶裝廠業務以及時任美國總統川普加速美國公司海外回歸速度，要求海外重大投資公司補繳稅款所致，但公司核心競爭力並未受損，在事件後經營又回到成長軌道上。

可口可樂毛利率及淨利率走勢

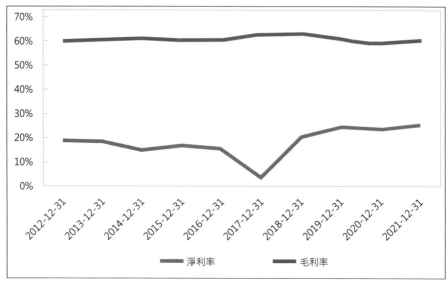

資料來源：WIND

可口可樂淨資產收益率、投入資本報酬率走勢

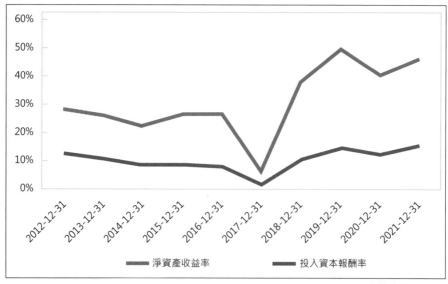

資料來源：WIND

股價走勢來看，過去 10 年（2012/9/30 ～ 2022/9/30）公司股價報酬率 106.5％，年均複合報酬率 7.5％，而同期標普 500 指數報酬率 154.9％。

可口可樂月線走勢

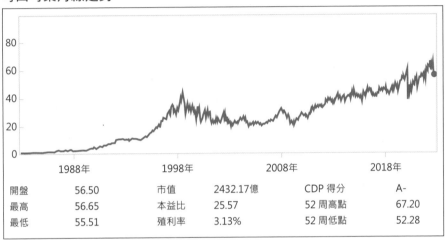

開盤	56.50	市值	2432.17億	CDP 得分	A-
最高	56.65	本益比	25.57	52 周高點	67.20
最低	55.51	殖利率	3.13%	52 周低點	52.28

資料來源：Google

▪ 非消費必需品

觀察指標

行業觀察指標		
景氣周期、消費者信心指數、產品庫存、原物料價格、競爭格局		
公司觀察指標		
經營效率指標	品牌價值、規模效應、ROE、ROIC	
財務指標	庫存周轉天數、負債率	

行業特性

非消費必需品具有高單價、低購買頻率（使用年限較長）的特性，主要包含奢侈品、家電、家居、汽車等消費品項。除了奢侈品聚焦高

淨值人群，對景氣波動變化敏感度較低之外，以中產階級為消費群體的產品，在景氣下行時，消費者通常會延後消費，導致行業獲利周期具有較大的波動性。

當新產品推出時，行業會表現出較強的成長屬性，如新能源車、掃拖機器人、洗碗機等，這時候應該關注行業發展的確定性以及成長空間有多大，增量市場只要成長速度夠快，即使競爭對手變多，大家也都有肉吃。一旦產品發展成熟，行業會表現出較強的周期屬性，如燃油車、電視、空調等，此時需要關注行業競爭格局是否穩定，這決定了價格競爭發生的頻率與程度，以銷售額最大的家電與汽車行業來說，家電行業相對表現較好。

非必需消費品多是競爭充分的行業，為了避免市占率流失，多數公司傾向於原物料價格上漲初期不跟隨漲價，即使最終承受不住成本壓力漲價，也會在原物料價格回落時重新降價，最終受惠的往往是消費者，而不是品牌商。這與消費必需品不同，消費必需品公司在應對原物料漲價時，調漲的價格通常不會因為原物料價格再度回落而降價，主要因為產品單價低，消費者對於漲價並不敏感，因此利潤容易留在品牌商而不是消費者，這是很重要的區別。

行業進入門檻

進入門檻方面，高端產品看品牌，平價產品看規模。

高端產品銷售對象為高淨值客戶，產品以珠寶、奢侈品為主，由於存貨周轉率低。因此須藉由高單價產生高利潤率，品牌溢價是高單價的關鍵，這類公司會砸大錢請明星代言、舉辦 VIP 專屬活動，透過大型專賣店展示商品。在面對景氣衰退時，高淨值人群消費力相對中產階級具有韌性，因此衰退初期獲利表現不受影響，即使最終景氣大

幅惡化,導致買氣縮手、庫存堆積,奢侈品牌商也不會採用降價去庫存,因為這會傷害品牌價值。

平價產品銷售對象為中產階級,產品主要以汽車、家電或家居產品為主,而平均單價越高,消費者越偏好選擇性價比最好的產品,而不是最知名的品牌。因此,龍頭公司顯著的規模效應會創造較高的進入門檻;但在景氣下行時,這類產品容易因為遞延消費而導致降價去庫存,獲利趨勢性較差。

儘管燃油車品牌利潤率不高,但零部件卻是可以留意的環節。主要因為汽車很多零部件都是屬於安全件,車規產品需適應多變的外在環境,對於產品參數穩定度、物理性能要求很高,驗證周期多以年為單位,車廠不會輕易更換重要零部件廠商,因此具備較高的轉換成本,自然利潤率表現也較好。尤其是在行業趨勢上的產品,例如 LED 大燈、天幕玻璃、汽車鏡頭等配件,成長性會更強。一般來說,零部件毛利率及淨利率分別可以達到 20%～30%。

行業觀察指標

投資人可以觀察景氣周期、消費者信心指數、產品庫存、原物料價格 4 個指標。如 2021～2022 年中國的家電行業,在房地產市場銷售低迷的背景下,各類大型家電需求放緩,庫存走高引發行業降價去庫存。同時因為通膨環境導致原物料價格居高不下,加大了獲利下滑幅度,股價也大幅下跌。

景氣周期:在經濟景氣上行、利率處於低檔時,對於行業經營環境最為友善。一方面經濟活動旺盛帶動消費需求增加,一方面利率處於低檔,消費者貸款利息成本較低,也會刺激消費意願。

消費者信心指數:台灣可以參考消費者信心指數(CCI),該指

標衡量物價水準、購買耐久財時機、經濟景氣、家庭經濟、就業機會、投資股市時機 6 項指標。以 2022 年 9 月報告來看，6 項指標中僅「未來半年內物價水準」呈現上升，其餘 5 項指標下滑，當中又以「未來半年購買耐久財時機」下降最多，顯示耐久財消費後續可能持續放緩。美國市場可以參考密西根大學消費者信心指數，該指數主要反映消費者對於耐久財消費意願，2022 年 9 月該指標分數 59.5，對比過去 20 年 50.0 ～ 103.8 的波動區間，顯示耐久財消費信心低迷。

產品庫存：非消費必需品須留意行業庫存走勢，庫存上升通常發生在景氣下行周期，如果庫存持續上升並超過歷史均值，後續面臨降價去庫存的機率就大幅提高，價格競爭將加速利潤下滑。

原物料價格：面對成本端價格趨勢性上漲時，如果遇到景氣下行周期，行業大多選擇與中游零部件廠商協議按比例吸收，但整體還是會對利潤率造成擠壓，非消費必需品在景氣下滑且通膨時期表現往往較差。

競爭格局：家電競爭格局表現優於汽車，有些家電細分領域已經形成雙寡頭壟斷，競爭格局較為穩定，後進者勝算不高；但汽車行業競爭激烈，消費者往往在 Toyota、現代、馬自達等知名品牌中選擇性價比最好的產品，導致消費者是行業增額利潤最大的受惠者。從利潤率的角度也可以交叉印證，對比汽車的毛利率及淨利率約落於 10％與 5％，家電毛利率及淨利率卻能達到 10％～ 15％與 10％，汽車業賺的是辛苦錢，長期投資報酬率自然不會太好。只有當行業經過優勝劣汰之後，剩餘的公司日子才會好過一點，長期利潤才能有累積。

非消費必需品在通膨時期對比消費必需品之股價波動更大

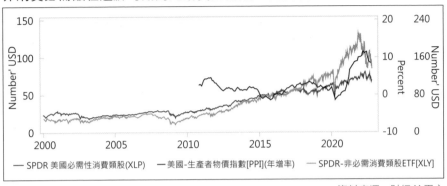

資料來源：財經 M 平方

公司觀察指標

優秀的非消費必需品（不包含奢侈品）公司具備以下條件：

產品規模效應：重資產屬性的行業，規模效應越顯著，單位生產成本越低，就能提供性價更好的產品，刺激銷售量。

庫存管理能力：該能力越突出的公司，現金流表現越好。美的集團（000333.CH）採用 T+3 庫存管理模式之後，庫存金額相較以往大幅下降，透過以銷定產的方式，T+3 的策略將生產流程簡化為接單、備料、生產、發貨 4 個流程，T 日接單到 T+3 發貨，顯著降低庫存風險。

較低的負債率：我偏好負債比率低於行業平均的公司，當公司過度舉債時，往往在景氣反轉時會承受較大的財務壓力，抗風險能力較差。投資人也可以關注其他指標如流動比率、利息覆蓋率等。

公司案例

海爾智家（600690 CH），公司成立於 1984 年，是中國高端自主品牌發展最成功的家電集團，旗下業務包含冰箱、洗衣機、空調、廚衛電器等大型家電以及自有物流業務。公司的競爭優勢來自於：

自主品牌競爭力強：公司 2006 年在中國推出高端品牌卡薩帝，針對消費者痛點推出新技術產品，例如 2017 年推出空氣洗衣機，解決羊毛、羽絨、皮革等高端材質清洗問題。經過多年品牌營銷後，目前在洗衣機、冰箱的高端價位產品市占率已經超越西門子等海外品牌，在 2021～2022 年地產銷售下行期間，高端產品受景氣影響較小，股價在眾多家電股中表現最好。

海爾智家卡薩帝高端產品市占率穩定增加

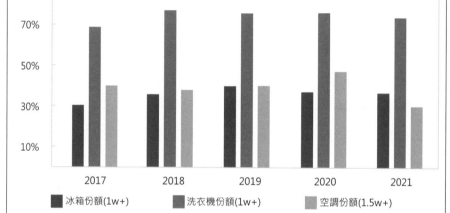

資料來源：國金證券

　　線上與線下通路布局：高端品牌卡薩帝品牌在中國縣級以上城市覆蓋率高達 95％，線下門市數超過 1.9 萬家，形成強大的通路優勢。線上通路包含短視頻平台快手，以及天貓、京東等大型電商平台，高端品牌線上銷售市占率第一。

　　產品規模效應：公司隨著銷售通路拓展，以及產品市占率提升，每年銷量增速仍維持雙位數以上成長，優於行業的銷量成長帶動規模效應提升。同時公司藉由智能排產系統，將同一型號產品集中生產，

並對供應商採用集中供貨模式，透過集中採購降低成本。

庫存管理能力：透過高效生產達到庫存有效控制，存貨周轉率下降 20％。

海外市場：公司以自有品牌出口全球市場，包含子品牌在內，在美國、日本、澳洲等市場市占率前三，出口占營收比重超過 40％，隨著前期海外品牌購併及各市場持續深耕，未來成長空間仍大。

財務指標：公司負債率逐年降低，但仍在 60％以上，與行業平均相近；流動比率始終超過 100％，加上自由現金流量表現強勁，償債能力仍然優秀。公司近幾年 ROE 維持在 15％～ 20％、ROIC 位於 12％～ 14％，毛利率受高端化產品比重提升，整體維持 30％以上。

股價走勢來看，過去 10 年（2012/9/30 ～ 2022/9/30）公司股價報酬率 484.3％，年均複合報酬率 19.3％，而同期滬深 300 指數報酬率僅 72.6％。公司本益比（PE）估值 16.3 倍，在歷史區間中值附近，未來兩年平均利潤增速仍有 15％，估值與利潤匹配度較高。

海爾智家（600690 CH）月線走勢

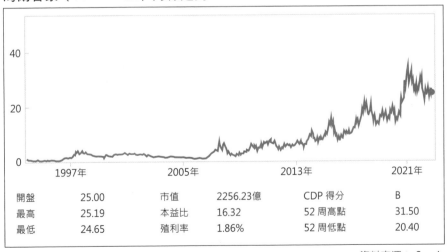

開盤	25.00	市值	2256.23億	CDP 得分	B	
最高	25.19	本益比	16.32	52 周高點	31.50	
最低	24.65	殖利率	1.86％	52 周低點	20.40	

資料來源：Google

零售賣場

觀察指標

行業觀察指標	
景氣波動、其他業態競爭	
公司觀察指標	
經營效率指標	淨新開門市數、同店銷售增速、坪效、自有品牌產品
財務指標	庫存周轉率、現金轉換周期、負債率

行業特性

　　商業模式主要向上游供應商採購大量多樣化商品，提供消費者一站式購買需求，以薄利多銷的方式賺取利潤。財報數據上，體現出二低一高（低毛利率、低淨利率、高存貨周轉率）的特點，是一個講求經營高效管理的行業。為了觸及更多終端消費者，零售賣場大多會開設在人口密度較高的市區或社區。

　　為了滿足顧客一站式購物體驗，零售賣場會盡可能增加商品的品項數量（Stock Keeping Unit ,SKU），銷售產品既包含了生鮮蔬果、零食飲料、護理衛生等消費必需品，也涵蓋家電、廚具、3C 消費電子等非消費必需品，加上同一品類中的不同品牌，可供消費者選擇眾多。在面對景氣周期變動時，調整消費必需及非消費必需產品比重可以提高經營彈性，景氣下行的時候，非消費必需品銷售往往較差，賣場可以增加消費必需品貨架陳列，來提高坪效表現。

行業進入門檻

　　核心門檻在於規模效應，當開設的賣場越多、存貨周轉越快，單一商品的採購量就越大，就越能夠以量制價，取得更低的單位成本，並提供消費者具有競爭力的產品價格。

行業觀察指標

景氣波動： 零售賣場同時銷售消費必需和非消費必需品，當景氣熱絡時，非消費必需品占比高的賣場表現較好；當景氣往下時，消費必需品占比高的賣場業績會更穩健。因此零售賣場會根據目前景氣位置及消費者反應調整兩者比重，但節奏可能落後。例如，疫情初期外出活動受到限制，商品消費支出顯著高於服務消費，帶動衣服、鞋子、3C 電子等產品需求上升，美國零售賣場巨頭 Walmart、Target 紛紛加大相關產品庫存準備；在後疫情時代，消費者由商品消費轉往服務消費時，因為結構調整不及而產生大量庫存，需要用數個季度降價清理庫存，經營利潤進一步下挫。

其他業態競爭： 短影音帶貨、電商平台的興起，分流了線下零售通路市占率，因為電商平台銷售節省了上架費用及通路費用，可以用更低價格回饋消費者。一般來說，滿足大量生產、標準化產品更適合電商通路，因此電商平台上在衣服鞋帽、3C 產品、日常用品方面相對線下銷售具有優勢。

公司觀察指標

衡量賣場經營效率的指標，一是營收成長動能，主要觀察淨新增門市數、同店銷售增速（Same Store Sales Growth rate, SSSG）、坪效表現；二是利潤率提升，包含提高存貨管理能力、增加自有品牌商品比重等。

營收成長動能來自淨新開門市貢獻與既有門市營收增加。當這兩個指標低於市場預期時，往往會引發股價大跌。

淨新開門市數： 指一個完整年度中，新開門市與關閉門市數量的差額。關閉門市多半因為經營效率不佳，成長中的賣場每年總門市數

都會正成長，是營收成長主要來源。公司通常會根據所處區域的人口及消費能力，來決定開設賣場數量。單一區域門市數量達到理論值上限之前，開設的賣場據點越多，越可以提高單一商品採購規模，降低運輸費用，產生規模效應。

同店銷售增速：針對營業滿一年以上的同一門市，對比去年度銷售額成長率。成長率又可以區分來自平均銷售單價（Average Selling Price ,ASP）與銷售量的貢獻，提升人均消費量的方式為增加產品銷售品牌及種類，而提升人均銷售單價在於調整產品結構。

坪效表現：可以縱向比較同公司底下不同賣場的坪效差異，也可以橫向比較與競爭對手的差異。增加坪效常見的方式包含門市改造升級（常見的一代店、二代店）、增加閒置空間租賃收入、關閉表現最差門市。

利潤率的提升包含提高存貨周轉率、推出自有品牌商品。

存貨周轉率：存貨周轉率越快，表示商品停留在貨架的時間越短，銷售效率就越高。因此，賣場需要了解消費者偏好，陳列越多熱銷商品，存貨周轉率越高。此外，一般保存期限較長的商品，沒有賣完通常可以退回給供應商，但保存期限比較短的商品（如生鮮食品）則必須買斷，因此存貨周轉率也會影響到產品損耗率。

自有品牌商品：目前包含全家、美聯社、家樂福等零售賣場通路，都推出具有差異化的自有品牌產品，一方面可以與市場同類型產品做出區隔，培養忠實消費群體；一方面可以省去上架、抽成的費用，產品銷售單價更低、利潤率更高。例如家樂福推出大量自有品牌食品，透過與美珍香、泰山等上游工廠合作開發專屬商品，或與本土小農合作推出無添加、有機產品，自有品牌產品占營收比重已達 10％。

現金轉換周期：零售賣場對營運資金有大量需求，現金轉換周期越短，代表現金回收效率越高。由於銷售直接面對終端消費者，應收帳款天數普遍很低，衡量重心在於存貨周轉率與應付帳款天數，存貨周轉天數體現賣場商品管理能力；應付帳款周轉天數則體現賣場議價能力。

投資人還需要關注公司隱藏負債，例如門市租賃，一般都會簽訂長期合約，公司具有支付店租的義務，其性質上類似於債務。此外，如果有訴訟進行，也可能在未來產生賠償義務。

公司案例

以 Costco 為例，公司發展出與眾不同的商業模式，提供最優惠價格與高品質產品。

零售收入成長穩定：2021 年底全球門市據點超過 800 家，並維持每年門市淨成長趨勢，過去 10 年平均同店銷售增速在 6％ 以上，單店坪效高達 1.8 萬美元，優於 Walmart 的 0.58 萬美元、Target 的 0.43 萬美元。

規模效應顯著：平均單店銷售品項不到 4,000 種，主要銷售高周轉率與熱銷產品，對比 Walmart 單店銷售 14 萬種商品，精簡的品項可以提高單一產品進貨數量來壓低成本，而對比同業 20％ 以上毛利率，Costco 平均商品毛利率只有 10％～ 12％，多餘利潤以低價回饋消費者，因此產品價格具有很強競爭力。

高效的存貨管理能力：公司存貨周轉天數僅約 30 天，低於 Walmart 的 42 天、Target 的 58 天。

自有產品占比高：公司發展自有品牌科克蘭（Kirkland Signature），銷售品類涵蓋健康、美容、家庭清潔等多種品類，並培養出一群忠實消費群體，2021 年度營收占比超過 30％。

會員收入模式：2021 年底全球會員數達到 1.1 億人，高品質、低價產品，加上無條件退貨機制，Costco 擁有近 90％的全球會員續約率，會員費成為公司主要利潤來源（占比 80％），會員費收入相對零售業務穩定，獲利的穩定性也優於同業表現。

　　股價走勢來看，過去 10 年（2012/9/30 ～ 2022/9/30）公司股價報酬率 538.5％，年均複合報酬率 20.4％，而同期標普 500 指數報酬率 154.9％。

Costco 月線走勢

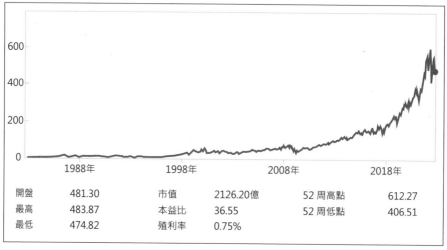

開盤	481.30	市值	2126.20億	52 周高點	612.27
最高	483.87	本益比	36.55	52 周低點	406.51
最低	474.82	殖利率	0.75%		

資料來源：Google

▪ 餐飲

觀察指標

行業觀察指標	
事件影響、原材料價格	
公司觀察指標	
經營效率指標	歷史悠久品牌、異地展店、翻桌率、成本控制
財務指標	營業現金流／稅後淨利、自由現金流量

行業特性

民以食為天，餐飲行業具備高頻、剛需的特性，高檔餐廳目標客戶為高收入族群，受景氣影響較小；平價餐飲對應中產階級客群，在景氣不好的時候，更多人選擇在家裡開伙，受景氣影響更大。但餐飲行業體量足夠大，只要能占領消費者味蕾，就能占住一方市場。

從營業周期來看，當餐廳成功打響名號後，接下來會透過融資來實現據點擴張，新門市營運經過爬坡期、達到損益平衡點之後，開始顯現出獲利彈性。隨著門市總數初具規模，相關的配送系統、中央廚房也會逐步完善，進入到快速擴張階段，快速展店帶動營收規模增加，但是自由現金流量因為較大資本投入仍舊為負數。最後，隨著門市發展逐步飽和，公司成長速度開始放緩，成長動能來自營運效率的提升，包含提升客單價、服務品質、增進營運效率等方式。同店銷售增速、ROE、ROA 等指標都會同步成長，自由現金流量表現最好。

行業進入門檻

餐廳所需資金門檻不高、熱門菜品容易模仿，市場長期呈現高度分散、競爭非常激烈。連鎖餐廳可以透過菜品製作及營運程序標準化，確保異地擴張的同時，菜色口味及服務品質保持一致。偶爾餐廳也需要更新菜單設計，提供不同價位、不同菜色來吸引消費者上門，

並強化服務水準、營造用餐氣氛，讓消費者產生記憶點。

行業觀察指標

事件影響：2020 年開始的新冠疫情，確診人數反覆上升，很多消費者刻意減少群聚用餐場合，外食頻率受到飲食習慣變化影響。很多人或許也有發現，疫情後餐飲店面招租的頻率有所提升。

原物料價格風險：當食材價格成本上漲時，餐廳並不會馬上跟隨漲價，一方面漲價會衍生菜單成本（Menu Cost），所有菜單都必須重新印製；一方面漲價也可能流失客戶。因此，當原物料價格處於正常波動範圍內，餐廳通常會選擇吸收漲價成本，透過提高經營效率來對沖，除非原材料價格累積漲幅較大，餐廳才會選擇漲價。

公司觀察指標

成功的餐廳連鎖通常具有品牌歷史、異地擴張、專注細節的特性。

歷史悠久的品牌：這背後通常有一批長期忠實的顧客，承載了很多人從小到大的味覺記憶，例如鼎泰豐的小籠包、全聚德的烤鴨；也有透過細緻服務產生記憶點的餐廳，如海底撈。

大量的異地展店：當餐點可以迎合不同地方的飲食習慣，就可以透過進入新市場來突破營運天花板。過程中，如果短期擴張計畫過於激進，就可能出現管理半徑無法跟上、財務負擔過重等問題，並在景氣下行時期變得雪上加霜。

專注細節：餐飲行業是一個要求細節的行業，多年的口碑可能因為食安問題、服務疏失、危機處理失當而毀於一旦，長期維持高品質是口碑累積的重要條件。

較高的翻桌率：提高單店獲利的關鍵在於提高翻桌率，午餐與晚

餐是一天中兩個用餐集中的時段，高翻桌率意味更高的營業收入，但服務成本並不會等比例上升，因而提升了單店利潤率。例如海底撈在高峰時期一天能做到 5 次翻桌率，而同業平均只有 3 ～ 4 次，因此，單店營業額及利潤率對比同業也更優秀。

成本控制能力：在不損及營運效率的情況下，降成本才能增效。這幾年很多餐廳開始提供掃 QR code 完成點餐結帳，節省了部分餐廳前台人員需求。

優異的財務指標：首先，營業現金流／稅後淨利，代表公司每單位淨利可以產生多少營業現金流入，兩者匹配度越高越好，如果數值長期偏低，可能代表存貨與應收帳款警訊。其次，如果公司展店的資金主要來自自由現金流量，就會減少財務負擔，抗風險能力也較強。

❸ 電子股

電子硬體應用主要在消費性電子、半導體、通信領域，這是一個技術變革很快的行業，就像每款新發表的 iPhone、Apple watch、掃地機器人都會相比前一代有新的功能，同時也會出現新的應用，例如擴增實境（AR）、虛擬實境（VR）；半導體則是每隔 2 ～ 3 年就會進入一個新的製程；通信領域也沒閒著，2020 年才推出 5G 通訊，現在已經開始著手研究 6G 技術。

新技術帶來的應用比技術本身更重要，因為相關應用發展的時間往往更長、產值天花板更高。例如 5G 通信推出時，市場關注的是通訊設備、高頻電路板等通信基站建設供應鏈，因為這些行業短期最直接受惠。但過去 4G 的經驗顯示，新基站建設高峰通常只有 2 ～ 3 年，更值得關注的是 5G 帶來的新應用，例如物聯網、雲計算、雲遊戲、邊緣運算、AR、VR 等領域，這些應用可以在 5G 環境中長期發展，

發展的時間、產值的空間都遠高於建設供應鏈。

　　由於技術進步快速，領先者吃肉的時間往往不是太長，但落後者肯定連湯都沒得喝。因此，領先者會將利潤投入下一代技術儲備，來維持領先優勢；落後者需要投入更多資源急起直追，或是全力押注新技術實現彎道超車，但最終彎道翻車的不在少數。因此股東回報率不穩定，來自技術的優勢大多無法長期累積。

　　如果說硬體是產品的骨肉，那軟體就是靈魂。相較於硬體公司，軟體更容易出現長期大牛股，一來行業進入門檻高，客戶對於更換新系統存在較高的學習成本及錯誤風險；二來軟體訂閱制成為趨勢，提高了業績能見度。但軟體行業容易受到景氣影響，經濟下行期間，客戶往往會刪減軟體項目開支，遞延消費程度較高。

　　互聯網受惠於智慧型手機普及和人均所得提升，誰掌握了流量就掌握市場，龍頭占領高頻消費應用入口，發展出各自完整的生態體系，從中尋求貨幣化的機會。行業具備先進者優勢，主要因為流量本身有集中化的趨勢，消費者通常只選擇最好用、最多人用的入口，行業發展往往形成一家獨大或是二分天下，良好的競爭格局讓龍頭優勢可以持續累積，對股東形成長期豐厚的回報。

▪ 消費性電子

觀察指標

行業觀察指標	
新產品應用、景氣周期、存貨變化	
公司觀察指標	
經營效率指標	品牌價值、供應鏈管理、轉換成本、存貨管理
財務指標	流動比率、負債率、毛利率、淨利率

行業特性

　　手機、電視、電腦／筆記型電腦、穿戴裝置是常見的消費性電子產品，行業發展趨勢走向輕薄化、大屏化、簡約化、連網化。以電視為例，近年來高清化、連網化趨勢明顯，4K 超高畫質電視滲透率在 2021 年已經達到 61％，預計 2026 年銷售將達到 1.7 億台，滲透率提升到 71％；連網電視方面，Strategy Analytics 研究指出，2020 年全球智慧電視滲透率為 34％，預計 2026 年達到 51％，相當於 11 億家庭擁有智慧型電視。

　　智慧型手機的發展趨勢，一個是 5G 滲透率快速提升，在高傳輸、低延遲、廣連結的特點下，可以提供更流暢的視訊通話，而更快速的雲端存儲，讓手機不再需要大容量內存空間；其次為螢幕全屏化，透過各種感測元件屏下化、指紋辨識從正面移到側面或背面，可以最大化提高螢幕比例；三是相機功能再升級，例如配備潛望式變焦鏡頭，透過軟體拍出單眼相機效果，以及支援 4K 高清錄影功能。

　　而穿戴裝置中，最讓人期待的是元宇宙題材，FB 更名為 Meta 顯示出創辦人祖克伯發展元宇宙的決心，是目前市場 AR、VR 設備及應用的領導者。而蘋果也計畫在未來 2 ～ 3 年內推出 AR、VR 的頭盔及眼鏡，隨著終端場景持續發展，未來應用生態將更為豐富。

　　消費性電子的進步，始終承載著人類天馬行空的夢想，隨著技術演進逐一實現，新應用推出往往擴展了長期成長空間；但短期來說，滲透率趨於飽和的產品如智慧型手機、電視等，周期性仍非常顯著，消費者對產品遞延消費的特徵越明顯，產品越容易在補庫存與去庫存之間擺盪。

行業進入門檻

消費性電子進入門檻不高，品牌及轉換成本門檻多屬於個別公司，其中以蘋果做得最好。

行業觀察指標

新產品應用：一個新產品或技術推向市場之前，首要考慮消費者接受度，而不是新產品有多強大。這當中，只有研發時的投入成本是確定的，但消費者接受度往往又是另一回事。除非是像蘋果前執行長賈伯斯（Steve Jobs）這樣的創新天才，可以持續引領行業推出讓人驚艷的產品，不然競爭對手大多會模仿已經成功的產品，導致新產品帶來的好處最終都落到消費者手上。

景氣周期：電子屬於可選消費，景氣波動對於行業存在較大影響。

存貨變化：消費端受到景氣循環影響較大，在景氣上行時增加的存貨準備，可能在景氣反轉後，面臨終端需求放緩而導致存貨快速堆積。加上消費性電子產品生命周期較短，一旦新產品推出，經銷商需要回籠資金準備新產品庫存，舊產品庫存就會降價出清，因此需要特別留意存貨周轉天數非季節性增加的現象。

公司觀察指標

Nokia 一句膾炙人口的廣告詞「科技始終來自於人性」，道盡了行業精神。好的消費性電子產品往往不在於功能有多強大，而在於更貼近消費者使用體驗，能在細節上下工夫。越是站在消費者立場設計的產品，越能得到消費者共鳴，而持續脫穎而出的產品，越能累積品牌價值。

對於消費性電子品牌來說，核心在於建立突出的品牌價值、優秀的供應鏈管理能力、高轉換成本的產品生態、高效率的庫存管理。

建立突出品牌價值：如果消費者在購買產品時，優先考慮的是品牌，則代表公司已經建立突出的品牌價值；如果優先考慮的是產品性能，則代表公司品牌價值在消費者心中的地位並不高，只是眾多選項中的一個。突出的品牌價值讓公司產品具備一定的訂價權，是業績持續成長的重要來源；品牌價值不突出的公司，業績可能會因為同業新產品推出，導致公司舊產品性價比相對較差而下滑。

優秀的供應鏈管理能力：產品的利潤來自於較高的訂價權，或者較低的生產成本。為了確保各個供應鏈環節供貨順暢，對於同一零組件會選擇 2～3 個供應商，同時透過大量的訂單來壓低生產成本，讓公司產品利潤極大化。投資人可以觀察毛利率指標，一個是自身毛利率走勢，是否長期趨勢性向上；二是和同業比較，可以知道公司在品牌價值、供應鏈管理能力是否優於同業。

高轉換成本的產品生態：建立高轉換成本並不容易，一是需要有夠多的消費性硬體產品，二是透過軟體連結周邊的硬體產品，讓消費者在各種產品間實現互聯互通，並且實現循環。這方面做得最好的是蘋果，公司透過 iOS 作業系統形成循環；而小米集團也發展類似的策略，差別在於軟體尚未形成循環。透過下載 APP，小米的掃地機器人可以在三星手機上使用，對於消費者來說，資訊容易在各種產品間實現互通，轉換成本較低。

高效率的庫存管理：蘋果現任執行長庫克（Tim Cook）說過「庫存是魔鬼」，在瞬息萬變的消費電子領域，如果新產品不暢銷，或者競爭對手推出更好的產品，可能導致公司產品庫存大幅貶值。高效率的庫存管理來自於上游供應商、產品庫存、終端銷售三方面數據高效協同，透過精準預測銷量走勢，來判斷應該預留多少存貨；其次為拉長產品生命周期，因為消費者總是喜新厭舊，每年推出 2～3 款新手機的公司，庫存管理難度會高於每年只推出 1 款產品的公司。

公司案例

　　蘋果在手機、平板、筆記型電腦、穿戴裝置產品儼然已經成為行業標竿，加上獨立的 iOS 作業系統對用戶形成循環體系，消費者購買越多產品，越容易提高用戶黏性及轉換成本。蘋果緊咬微笑曲線中品牌與創新兩大最高利潤環節，加上細緻的供應鏈和庫存管理效率，讓蘋果成為全球市值最高的消費性電子品牌。

　　蘋果是少數具備強大品牌價值的消費性電子公司，龐大的果粉為每一代蘋果新產品提供了銷量保證，從早前的 iPod、手機、平板、筆電等產品，到後來推出 Apple Watch、無線耳機等穿戴裝置及 Air Tag 等新產品，隨著身邊蘋果的產品數量越多，單一果粉的營收貢獻也越高。

　　此外，品牌能否形成門檻關鍵在於產品溢價，每回推出新手機之後，都會引來產品訂價太高的質疑，但偏偏高單價產品銷量又常超乎市場預期，以 2022 年 iPhone 14 系列為例，iPhone 14 賣得不怎樣，但高單價的 iPhone 14 Pro 賣到缺貨。反觀三星、小米、華碩也都是耳熟能詳的品牌，但消費者購買時考慮的不是品牌本身，而是產品的性價比、功能是否實用。

　　蘋果用戶的高轉換成本來自於產品軟硬體結合，獨立的 iOS 系統只適用於自家所有消費性電子產品，可以自由在不同產品之間分享使用者資訊，卻無法在其他品牌手機上共享。如果更換其他品牌手機，意味大量的照片、健康資訊、聯絡資訊、雲端存儲資料都需要先轉出保存，這會增加使用者時間機會成本。

　　而公司的庫存管理一直是行業標竿，透過減少供應商、減少倉儲中心，以及庫存、銷售數據的高效協同，實現對於產品銷量的精準預

測，進而實現更好的庫存管理效率，2022 年第二季季報顯示，公司存貨周轉天數僅約 10 天，大幅領先其他對手，例如小米集團為 83 天、SONY 63 天、三星 100 天（公司存貨周轉天數可能因產品而異）。

股價走勢來看，過去 10 年（2012/9/30 ～ 2022/9/30）公司股價報酬率 591.0％，年均複合報酬率 21.3％，而同期標普 500 指數報酬率 154.9％。

蘋果月線走勢

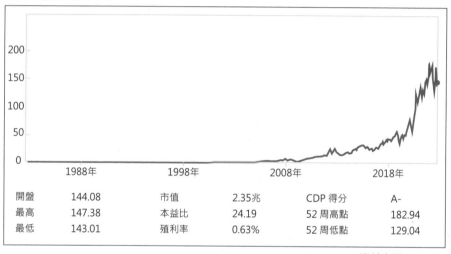

開盤	144.08	市值	2.35兆	CDP 得分	A-
最高	147.38	本益比	24.19	52 周高點	182.94
最低	143.01	殖利率	0.63%	52 周低點	129.04

資料來源：Google

- **半導體**

觀察指標

行業觀察指標		
全球半導體設備出貨金額、存貨水準、新技術發展		
公司觀察指標		
經營效率指標	技術領先、規模效應、客戶關係、產品良率	
財務指標	ROE、ROIC、毛利率、淨利率	

行業特性

從上游到下游可以分為 IC 設計、晶圓代工、封裝測試，廣義的半導體還包含半導體材料及設備環節。簡化來說，上游 IC 設計業者藉由軟體協助，設計好晶片電路圖，然後交由中游晶圓代工業者，在晶圓上經過薄膜沉積、曝光顯影、蝕刻、離子注入、拋光等程序後，製作好的晶圓片再交由封裝測試端進行晶圓測試與晶粒切割封裝。由於半導體下游主要仍是消費性產品，例如 3C 電子、汽車，因此行業的周期性仍然顯著，要注意行業庫存的變化。

IC 設計屬於輕資產，依產品功能應用不同可以分為邏輯 IC、類比 IC、記憶體、微元件 4 類，主要業務涵蓋晶片設計與銷售，因此行業景氣度往往與下游終端應用連動。例如疫情後對於消費性電子產品需求大幅增加，帶動產品晶片訂單快速成長；但在後疫情時代，隨著商品消費轉為服務消費，消費電子需求減少，在終端庫存堆積下，品牌商縮減訂單也同步減少晶片需求，凸顯出產業的周期特性。但長期在 5G 通訊快速的趨勢下，未來資料中心、智能汽車、物聯網等應用對於高速運算需求大幅增加，行業仍維持長期上升趨勢。

晶圓代工與封裝測試同屬重資產行業。晶圓代工在摩爾定律下技術持續突破，晶圓中的電路間隙持續微縮，提高了單一晶片中的電晶體數量，可以節省電耗、提高運算效能，龍頭台積電 3 奈米製程預計 2022 年下半投產，2 奈米製程有望於 2025 年問世。封裝測試進入門檻則相對較低，中國在這個領域的市占率正在快速提升。

> **摩爾定律**（Moore's law）：
> 指晶片上所容納的電晶體數量，大約每隔一年半就會增加一倍，意味成本減半

行業進入門檻

晶圓代工進入門檻最高，先進者優勢明顯。首先是資本門檻，根據 TEL 估計，月產能 10 萬片的晶圓廠，7 奈米邏輯 IC 建廠費用就需要 180 億美元，而先進製程所需的極紫外光（EUV）曝光設備，不僅單價高達 1.2 億歐元，而且產能稀缺下訂單滿載，新進入者取得難度高；其次，在於高技術門檻，除了在先進製程競賽，實現先進製程高良率才是高利潤率主要關鍵。例如 Intel 做為整合元件製造（IDM）廠商，因為 7 奈米製程良率表現較差，導致新一代 CPU 產品發表時間較預期晚了一年；反觀 AMD 透過台積電代工生產，順利搶占了 Intel 先進製程晶片的市占率。

IC 設計進入門檻次之，行業技術疊代的特性非常明顯，各應用領域龍頭不斷推出功能更強大的產品來維持領先地位；但行業同時具備輕資產特性，因為晶圓代工的出現降低了資金門檻，讓小蝦米也有挑戰大鯨魚的機會。封裝測試進入門檻最低，屬於成熟期行業，市場競爭激烈，利潤率在半導體三個環節中最低，通常透過產能擴充或購併同業的方式提高市占率，如日月光收購矽品，形成規模效應可以降低單位生產成本，提供更具競爭力的報價。

行業觀察指標

全球半導體設備出貨金額：

SEMI 從 2017 年及 2022 年起陸續停止公布北美半導體設備商新接訂單金額及實際出貨金額，等於過去市場常用的北美半導體 B ／ B 值（Book to Bill Ratio）已經不再更新。由於設備為半導體行業的先行指標，目前仍有公布全球半導體設備出貨金額數據，該數據從 2021 年 12 月起成長速度變開始下降，顯示設備端成長力道已經開始放緩。

使用這項指標時，建議觀察連續 3 個月走勢，趨勢的變化往往比絕對值重要。

北美半導體 B ／ B 值（Book to Bill Ratio）：
半導體設備商新接訂單金額／實際出貨金額

全球半導體設備出貨金額

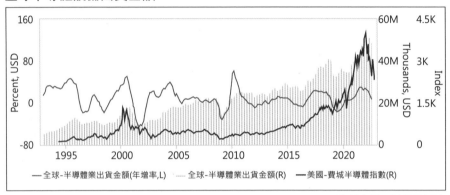

資料來源：財經 M 平方

庫存水準：消費性電子是半導體下游主要需求，而 IC 設計業者面對下游產品需求波動時往往會反應過度，在需求熱絡時，為了搶晶圓代工產能而重複下單（Over Booking），甚至囤積芯片，導致晶片價格進一步上漲，並在需求減弱時形成負反饋，造成晶片庫存大幅增加，放大了行業周期波動度。投資人須留意下游產品的景氣度及庫存水位變化，綜合判斷未來庫存走勢。

台積電、聯發科、Intel 存貨周轉天數（DSI）

資料來源：財經 M 平方

技術進步：終端產品的發展**趨勢**是推動半導體進步的動力，例如 AI、智慧車、邊緣運算帶動高速運算晶片（High Performance Computing, HPC）的發展，5G、新能源車對於高頻、快速充電的需求，加快第三代半導體材料的研發，未來 GaN 有望用於 900V 電壓以下應用，如快速充電、基地台等產品；SiC 則適用於 1,200 V 電壓以上應用，如新能源車。

公司觀察指標

IC 設計業者維持領先的關鍵，在於選擇對的終端發展趨勢，並不斷提供更高效能的晶片產品，優秀的人才儲備是關鍵，例如 Nvdia 不斷推出更高效的 GPU 產品，下游應用涵蓋加密貨幣挖礦、電競顯卡、資料中心、AI 深度學習、智慧車等高速運算應用，這些都是行業發展重要**趨勢**。其次，和下游客戶關係越緊密，就越能了解客戶產品性能**趨勢**走向，推出適應性更好的產品。投資人可以買個別領域的行業龍頭，或是市占率正快速上升的公司。

晶圓代工業者領先優勢建立在先進技術與客戶關係。製程技術領

先類似專利藥的專利保護機制，在領先的期間內，基本囊括該製程所有利潤，並可以此來推進下一代技術研發；加上先進製程的產能稀缺，在景氣下行期間，通常是客戶最後一個砍單的對象，並在景氣回升時期，選擇優先訂單回補，這讓龍頭具備一定的抗周期性，而行業的老二、老三在景氣循環變動時，通常受影響就會比較大。其次在於建立緊密的客戶關係，深入了解需求、願意共體時艱、保守商業機密，是建立信任的重要來源。

封裝測試由於競爭充分，領先的公司需要持續發展先進封裝技術，如系統級封裝（System in Package, SiP）、立體封裝（3D IC Packaging）、扇出型封裝（Fan Out Packaging），也要致力成為最低成本廠商，通常行業龍頭會是首選。此外，部分封裝測試廠會與 IC 業者綁定，例如 AMD 與富通微電子簽訂戰略合作，AMD 業績高成長的時候，富通微電業績自然也會跟隨上升。

公司案例

台積電在全球晶圓代工領域市占率常年超過 50％，依靠強大的研發實力，在最先進製程領域始終保持獨占地位，藉此產生龐大利潤用來支持下一代技術研發，形成正向循環，競爭對手難以望其項背。先進製程因為資源稀缺，受景氣波動影響最小；而成熟製程擴產容易，受景氣波動影響更大。先進製程利潤占比較高，讓公司具備較強的抗周期能力，當行業處於逆風時，台積電總能夠成為業績表現最穩定的公司。

2020 年台積電董事長劉德音提到公司五大競爭優勢，一是確認商業模式，台積電晶圓代工業務不與客戶競爭，遵守嚴格保密協議，能夠獲得客戶長期信任；二是台灣做為優秀半導體工程師人才搖籃，是技術領先重要燃料；三是以全球為市場，成長天花板夠高；四是具

170

備網絡效應，使用公司生產晶片的客戶或終端用戶越多，就越有價值；五是專業經理人治理體系。

我認為台積電還有兩個競爭優勢，其一在於客戶關係，台積電並不是單純賺客戶的錢，而是選擇和客戶一起賺錢，在 2021 年半導體代工費用大幅上漲期間，台積電漲價的幅度及頻率都明顯低於競爭對手，選擇與客戶共體時艱，顯示公司經營格局。其二在於客戶高轉換成本，台積電開發新製程的時候，通常會與大客戶緊密合作，確保新一代晶片導入順利，加上先進製程稀缺，如果客戶中途琵琶別抱，想要再回到台積電就需要重新排隊，意味更高的運營成本。

股價走勢來看，過去 10 年（2012/9/30 ～ 2022/9/30）公司股價報酬率 581％，年均複合報酬率 21.1％，而同期台灣加權指數報酬率僅 81.5％。

台積電月線走勢

開盤	450.50	市值	11.69兆	CDP 得分	B		
最高	451.00	本益比	15.34	52 周高點	688.00		
最低	447.00	殖利率	2.44%	52 周低點	416.50		

資料來源： Google

- 軟體股

觀察指標

行業觀察指標	
景氣周期、應收帳款	
公司觀察指標	
經營效率指標	營收成長、經常性收入、淨收入留存率、遞延收入、應收帳款趨勢
財務指標	淨利率、應收帳款（政府客戶）

行業特性

　　軟體行業對應各種下游需求，例如金融、網路安全、醫療、作業系統、雲端服務等，透過協助客戶改善經營效率來提高生產力，通常每個應用領域最終都會形成少數幾家大公司，客戶會選擇行業口碑、產品性能及服務品質較好的公司。

　　從財務特徵來看，行業具備高毛利率、低淨利率兩大特徵。由於軟體生產成本低廉，毛利率平均達到 80％以上，如果是透過雲端訂閱制的方式銷售，則生產的邊際成本為零。另一方面，行業屬於技術人力密集型，業者以買斷軟體工程師時間來保持競爭力，高薪酬費用導致淨利率只有 10％～ 20％。此外，軟體業也屬於印鈔機行業，輕資產的行業特性，加上較低的存貨及應收帳款天數，經營利潤多半會成為現金利潤，創造豐厚的自由現金流量。

比較常見的優質細分賽道包含

類型	主要公司	說明
作業系統	微軟（電腦）、Linux（伺服器）	微軟的 Windows、Office
銀行 IT 系統	恆生電子	提供中國證券、金融、交通等行業軟體、系統整合
資料庫	甲骨文、IBM、微軟	轉換成本高，但市場成熟，因為多數企業已擁有資料庫
報稅軟體	Intuit	個人所得稅（TurboTax）、中小企業稅務軟體（Quickbooks），市占接近壟斷
建築軟體	Autodesk	AutoCAD 市占率最高
繪圖與設計	Adobe	Photoshop、Illustrator 產品壟斷市場、PDF 閱讀軟體 Acrobat Reader
企業資源規劃（ERP）	SAP、甲骨文	內部作業效率（節省會計、人力資源）
客戶關係管理（CRM）	Salesforce	雲端 CRM 平台，提供不同功能的 CRM 應用程式，提升銷售、服務、行銷效率

行業進入門檻

　　主要進入門檻在於轉換成本，體現在新舊系統交替風險及使用者機會成本。新舊系統交替時產生的斷層風險，在某些領域（如金融）代價很高，2018 年南山人壽斥資百億引進新系統「境界成就計畫」，但後續新舊系統交替時並未平穩過渡，過程中大量保單契約出錯，由於遲遲無法改善，最終被金管會處以罰款。另一類是使用者的機會成本，如工程師、醫師、建築師等需要使用專業軟體的行業，在校期間所熟悉的專業軟體，進入職場後如果需要更換成新軟體，勢必需要付出額外的時間重新學習適應，並可能在使用初期產生操作錯誤風險。

行業觀察指標

　　景氣周期：軟體股與景氣連動性較高，當景氣下行時，企業通常

會延後軟體更新時間，因此營收及獲利受景氣波動較大；但需求只是遞延，並不會消失，對於下游客戶重要性較高的軟體，通常具備穿越周期的能力。其次，行業多數時候業績確定性較高、負債較少，景氣上行或平穩的時期，估值也較高，但景氣下行時當期獲利的下修、估值的壓縮，都導致股價下跌，這時候也是較好的進場買點。

應收帳款：面向一般消費者的軟體銷售，不太會產生應收帳款的問題；但面向商務客戶的軟體銷售，應收帳款天數就會較長。投資人需要觀察應收帳款天數發展趨勢，如果帳款天數惡化，則可能是景氣或產品需求下行的徵兆之一。

公司觀察指標

營收成長：當公司產品對客戶建立起高轉換成本時，營收就容易呈現長期成長趨勢，成長的來源還包含推出新產品、舊產品升級、取得新客戶。投資人可以透過訂單金額成長及軟體工程師人數變化趨勢來判斷營收成長。此外，人均營收也常被用來衡量公司的經營效率。

經常性收入：軟體銷售收入可以分為一次性買斷和訂閱制付費兩種，消費者購買一次性買斷產品可以永久使用，例如筆記型電腦上的微軟 Office 軟體。另一種是訂閱制付費，消費者定期支付軟體費用，並透過雲端使用軟體資源，例如微軟也有推出 Office 365 網頁版訂閱服務，公司在消費者訂閱後可以獲得持續性的現金流入，由於營收能見度高，收入通常相當於前一年度的某一比例。

淨收入留存率（Net Dollar Retention Rate）：主要衡量同一群付費用戶，在當期的付費收入年增率，相當於衡量老客戶付費成長的能力，如果滿意度越高，通常也意味訂閱公司其他產品的機率越高，單一用戶可以貢獻更高的價值。

遞延收入：又稱為合同負債，簡單來說，訂閱制軟體一般採用每

月計費，採用季度、半年、年度結算的方式，例如每月 1,000 元的訂閱費用，業者通常提供每 3 個月、6 個月、1 年的一次性繳款選擇，按照提供服務認列收入原則。因此，第一個月提供服務時認列 1,000 元收入，但尚未提供服務的收入就會被記入負債端的遞延收入，也就是說，當遞延收入快速成長時，意味接下來的營收也將高成長，有助於預估未來營收表現。

公司案例

以微軟為例，公司成立於 1975 年，是全球電腦軟體（Windows 系統、Office）龍頭，2014 年以來大力開展雲業務，帶動營運重拾成長動能，成為僅次於 Amazon 的雲計算巨頭。2021 年營收 1982.7 億美元，年增 18.0％，淨利 727.4 億美元，年增 18.7％。

公司核心優勢表現在：

訂閱制提高業績能見度：Office365 讓公司從授權制轉為訂閱制。對於公司來說，可以獲得持續性的付費收入，專注於優化用戶及商用辦公體驗，並取得更多潛在用戶。對於用戶來說，可以只購買符合需求的功能，費用低於授權制，付費意願較高。因此，訂閱制能為公司帶來穩定的現金流量及業績成長能見度。目前 Office 上雲比例高達 70％，對於客戶議價能力也顯著提升，自 2022 年 3 月起對 Office365 等軟體漲價 9％～ 25％。

Azure 發力追趕 AWS：2014 年開啟雲端戰略後，受惠於 5G 建設帶動大量公司對於雲計算及儲存需求，公司在雲計算領域構建完整生態，大幅減少相容問題，近幾年陸續取得國防部和大型企業訂單，目前在 SaaS、PaaS 領域市占率第一，全球公有雲 IaaS 市占率第二。Azure 營收自 2017 年 274 億美元成長到 2021 年的 601 億美元，收入占比從 28.4％提升至 35.7％。

微軟智能雲業務發展趨勢

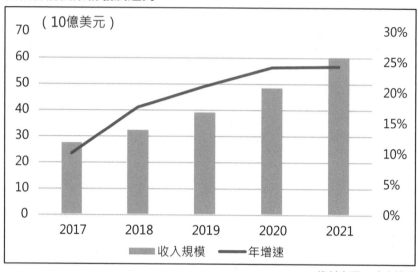

資料來源：中金證券

全球公有雲 Iaas 市占率

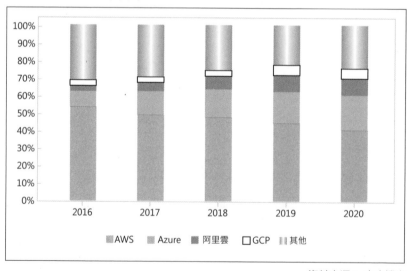

資料來源：中金證券

2021 年生產力和商業流程、智慧雲業務、個人計算業務分別占比 32％、36％、32％。SaaS 軟體的訂閱制產生的遞延收入，以及 Azure 採用使用量付費帶來的合約收入，帶動業績能見度提高。財務數據方面，公司過去 5 年平均毛利率 66.0％、淨利率 27.4％、ROE 36.1％，核心指標大幅優於同業表現。

股價走勢來看，過去 10 年（2012/9/30 ～ 2022/9/30）公司股價報酬率 821.4％，年均複合報酬率 24.9％，而同期標普 500 指數報酬率 154.9％。

微軟月線走勢

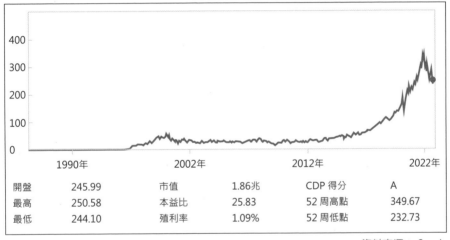

開盤	245.99	市值	1.86兆	CDP 得分	A
最高	250.58	本益比	25.83	52 周高點	349.67
最低	244.10	殖利率	1.09%	52 周低點	232.73

資料來源： Google

▪ 互聯網

觀察指標

行業觀察指標	
零售消費數據	
公司觀察指標	
經營效率指標	活躍用戶數、用戶留存率、用戶取得成本、GMV、貨幣化率
財務指標	淨利率、ROE、自由現金流量

行業特性

互聯網屬於平台型行業，商業模式在於找到高流量入口應用，透過主業務占領流量高地，為周圍衛星業務做導流，形成一個完整的生態系統，例如騰訊找到了即時通訊的高流量入口，並在用戶端形成壟斷優勢，接著透過微信平台，為電商接口、騰訊支付、訂票服務等高頻消費應用輸出流量。對於用戶來說，可以增加消費者體驗，一個APP便足以覆蓋生活中各種需求；對於騰訊來說，相當於用微信的高流量，做了電商、支付、票務的生意。

平台核心價值來自於流量壟斷，業績成長來自於流量變現。互聯網平台的核心業務，大多選擇能夠產生高流量的領域，尤其是消費者產生高頻需求的地方，例如即時通訊、電商、短影音、旅遊、外送平台等。這些領域的競爭格局多已穩定，新進入者除非找到新的切入點，不然很難撼動龍頭地位。

過去 20 年，互聯網行業受惠於網路滲透率提升的紅利帶動，整體流量呈現高成長。隨著滲透率走向飽和，流量高成長的時代已經過去，在後互聯網時代，如何提升流量的價值才是關鍵。新應用如物聯網、智慧車、擴增實境、虛擬實境正在快速興起，未來行業還會出現新的商業模式，但平台以流量為核心的價值不會改變。

行業進入門檻

網絡效應：互聯網平台價值會隨著使用者的成長而增加。例如電商平台，當平台上買家越多，就能吸引更多賣家加入，更多賣家又會進一步豐富平台銷售商品，進而吸引更多買家，形成正向反饋。

轉換成本：互聯網巨頭透過發展延伸業務，增強用戶對於平台黏性，越是高頻的應用，轉換成本越高，例如 Line 即時通訊軟體，如果使用者更換到 Skype 軟體，可能面臨沒有朋友的窘境（通訊錄人數大幅減少）；或者是電商平台，當賣家決定退出淘寶而改在蝦皮開店時，需要重新申請金流資料，賣家評分也需要重新累積。

行業觀察指標

行業景氣與終端零售高度連動。經濟上行周期對於商品消費及服務消費發揮刺激作用，而互聯網平台業務多對應終端消費，例如電商、酒店機票預訂等，投資人可以關注消費者信心指數、零售銷售增速指標。而在經濟增速開始下滑時，消費支出動機降低，越低頻消費業務影響越大，例如 3C 產品、服裝紡織品、旅遊，而高頻業務影響有限，如支付業務、外送平台等。

企業成功條件

核心領域流量霸主：互聯網行業是典型得流量者得天下。龍頭公司占住核心業務流量的制高點，例如社交平台的 Line 及微信、短影音的抖音和快手、電商的亞馬遜和淘寶、外送平台的美團及熊貓外送。

建構生態系統：以核心業務向外開枝散葉，提升使用者體驗。以 Line 為例，其核心業務在於線上即時通訊，同時也提供訂票服務、電商接口、Line Pay 等功能，這讓使用者除了即時通訊之外，創造更多開啟 Line 的機會，公司就可以從中獲得更多變現來源。此外，用戶

在習慣使用 Line 之後，如果朋友只使用 Line，就很難再更換到新的 APP，這對新進入者是一道強大的門檻。

海外市場拓展能力：當所處市場互聯網紅利下降時，新的成長空間將來自海外市場，投資人可以留意公司業務是否具備國際化基因，哪些業務已經出海並取得一定基礎，例如阿里巴巴在東南亞的電商平台 Lazada、騰訊投資蝦皮母公司 Sea。

公司觀察指標

平台收入與電商交易金額（GMV）、貨幣化率成正比；而 GMV 又與平台流量、轉化率、客單價有關。從名詞上來看，平台流量的衡量指標包含活躍用戶數、用戶留存率、用戶取得成本；客單價與公司目標群體、產品結構有關；轉化率可視為有效點擊率，計算總點擊量中有多少比例最終轉化為銷售；貨幣化率代表銷售佣金率，相當於平台對於 GMV 的變現能力。

平台收入 = GMV × 貨幣化率

電商成交金額（GMV）= 流量 × 轉化率 × 客單價

電商交易金額（Gross Merchandise Value, GMV）：

是平台衡量市占率重要指標，如果是全自營電商（買斷銷售），則 GMV 等同於公司收入，如果是第三方電商（撮合銷售），例如淘寶提供商品交易平台並收取佣金，則交易金額被計入 GMV，佣金被計入收入。

對於電商平台來說，重要節日的 GMV 通常是收入的領先指標，例如淘寶雙十一購物節 GMV 對比去年大幅成長，則代表當季度收入

提速。此外，GMV 增速也需要跟同業比較，快於行業代表市占率提升。有一點需要注意的是，有些電商平台會以先買進再退貨的方式衝高 GMV，造成數據失真，可以透過營收與 GMV 增速差異交叉印證。

流量指標：

互聯網平台透過用戶使用產生流量，衡量用戶端表現非常重要，最常見的是活躍用戶數、用戶留存率、用戶取得成本。活躍用戶數指標包含月活躍用戶（MAU）、日活躍用戶（DAU），用於衡量特定期間內使用平台的用戶數，數據著重於成長率表現，體量相近的兩家公司，成長率越高代表平台越受使用者青睞。如果龍頭用戶數已經接近行業飽和，如騰訊活躍用戶超過 10 億，基本已經涵蓋中國所有互聯網用戶，則成長空間相對有限，此時要關注的是活躍用戶數是否下降，意即流量市占率流失。

用戶留存率為舊客戶經營指標，如果用戶使用滿意度高，會驅使用戶繼續使用平台服務，高用戶黏性可以降低平台經營成本，通常新用戶取得成本是老客戶維護成本的 5 ～ 10 倍。用戶取得成本是公司經營效率指標，代表公司平均新增一個用戶所需付出的營銷成本，隨著行業流量進入存量時代，流量稀缺性已經導致這幾年用戶取得成本明顯走高。

貨幣化率（Take Rate）：

營運效率指標，衡量 GMV 轉化為收入的能力，以電商平台來說，貨幣化率主要來自第三方平台的佣金收入，以及廣告收入。第三方平台貨幣化率相當於單位 GMV 所產生的佣金收入，電商平台通常針對不同品類設定佣金率，在不改變個別品項佣金率之下，貨幣化率提升主要反映電商平台高佣金產品比重提升。

廣告端的貨幣化率為單位 GMV 所產生的廣告收入，由公式可以得知，該比率與平均單位點擊收費金額成正比，與平均點擊購買率、平均客單價成反比。行業的貨幣化率來看，阿里巴巴、京東、拼多多都在 3％～ 5％，而亞馬遜則高達 37％，主要差異還是在於中國市場競爭相當激烈，而美國已經形成亞馬遜一家獨大的局面。

亞馬遜與阿里巴巴貨幣化率差異

	亞馬遜	阿里巴巴	差異
佣金及其他貨幣化率	25%	1.5%	中國市場競爭激烈
廣告貨幣化率	12%	3.5%	中國面臨短視頻競爭
貨幣化率	37%	5.0%	

資料來源：作者提供

廣告端的貨幣化率＝廣告收入／ GMV ＝（CPCx 活躍買家人數 x 人均點擊量）／（活躍買家人數 x 人均點擊量 x 平均點擊購買率 x 平均客單價）＝ CPC ／（平均點擊購買率 x 平均客單價）

單位點擊收費（Cost Per Click, CPC），網頁廣告位按照商家出價高低（即 CPC）及產品銷售量決定曝光度

公司案例

以亞馬遜為例，公司是電商與雲計算領域龍頭，最早經營線上書店，後來發展成美國最大及跨國電商平台，經營模式包含 B2C（Business to Customer）與 B2B2C（Business to Business to Customer），前者主要提供商家與消費者交易平台，後者增加商家倉儲、物流、售後服務。此外，另一項核心業務雲計算平台（Amazon Web Services, AWS），則提供金融、教育、廣告、政府單位等多個行業雲端計算與資料儲存服

務，由於業務的高毛利率，儘管營收只占 16％，但利潤占比已經超過80％。

2021 年度亞馬遜各項業務營收占比

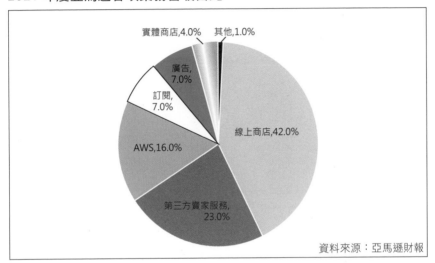

資料來源：亞馬遜財報

公司核心優勢表現在：

核心領域流量霸主：美國亞馬遜網站平均月訪問量達到 24 ～ 27億次，其中近 60％為直接訪問，如果加入跨國電商業務，則訪問量預估超過 50 億次。

建構生態系統：公司以電商為核心，推出 Amazon Prime 會員訂閱制度，提供用戶物流兩天內免費服務、免費遊戲、影音串流、雲端存儲等功能。目前全球超過 2 億 Prime 用戶中，來自美國占比 75％，而 Prime 會員年花費約 1,400 美元，遠高於非 Prime 用戶的 600 美元。

亞馬遜 Prime 會員數

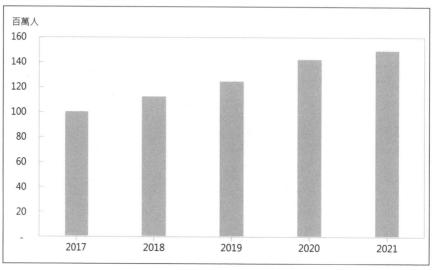

資料來源：亞馬遜財報

電商交易金額：2021 年公司全球 GMV 達到 6,000 億美元，年成長 22％，其中，來自亞馬遜銷售額 2,100 億美元，年成長 11％，第三方銷售額 3,900 億美元，年成長 30％。公司在美國電商市占率接近 50％，未來仍將受惠於美國電商滲透率提升。

貨幣化率：參見公司觀察指標。

AWS 維持高速成長：目前 AWS 提供超過 200 項服務，涵蓋運算、儲存、安全、資料庫、物聯網、機器學習、分析、量子運算等領域。公司持續投入基礎建設，目前在全球 26 個地區有 84 個可用區域，並計畫在澳洲、加拿大、印度等 8 個地區新建 24 個可用區域。在客戶端，公司與 Nasdaq、Meta、Best Buy 等行業龍頭取得合作，維持龍頭領先優勢。

財務數據：公司過去 5 年平均 ROE 23.4％，2021 年自由現金流

量為 -147 億美元，主要因為疫情後公司物流成本大幅增加超過 30 億美元，較前一年度增加 22.6％，加上行銷、研發費用成長所致，但過去 5 年平均仍達到 113.1 億美元。

股價走勢來看，過去 10 年（2012/9/30 ～ 2022/9/30）公司股價報酬率 810.3％，年均複合報酬率 24.7％，而同期標普 500 指數報酬率 154.9％。近期公司股價出現顯著回調，一方面是美國聯準會快速升息對於科技股估值產生壓力，一方面受到通膨上漲、物流費用偏高，以及消費零售行業產能過剩影響。但公司核心競爭力未受損，電商平台及 AWS 雲業務成長空間仍大。

亞馬遜月線走勢

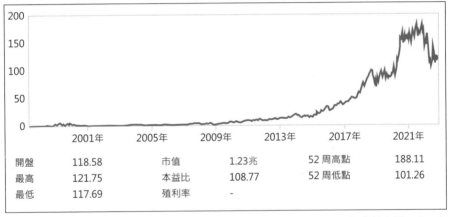

開盤	118.58	市值	1.23兆	52 周高點	188.11
最高	121.75	本益比	108.77	52 周低點	101.26
最低	117.69	殖利率	-		

資料來源： Google

4 醫藥股

醫藥也是進入門檻較高的行業之一，可以分為製藥、醫療器械、連鎖服務等類別。醫藥行業剛性需求顯著，一直以來也被視為防禦性族群，在景氣下行、股市大幅波動期間通常會有不錯的相對收益。

多數醫藥細分行業競爭格局都很穩定，存留下來的龍頭公司都有很強的競爭優勢，具備較高的利潤率、ROE、ROIC 也能產生穩定成長的自由現金流，給予股東實質的回報。

- 製藥與器械

觀察指標

行業觀察指標	
政策風險	
公司觀察指標	
經營效率指標	研發能力、銷售能力、重磅產品、醫療訴訟
財務指標	自由現金流量、毛利率、淨利率、ROE、ROIC

行業特性

製藥主要分為原研藥（Original Ground Medicine，或稱專利藥）與學名藥（Generic Drug，或稱非專利藥、仿製藥）。原研藥進入門檻高，高資源投入、高時間成本、高失敗率是其特點；但新藥可獲得 20 年期的專利保護及訂價權，也是利潤率最高的時期。而藥品一旦過了專利保護期，仿製藥廠就可以在原藥品分子結構基礎上改良，研發 Me-too 或是 Me-better 的藥品，其研發及生產成本都較低，藥價也顯著低於原研藥。

原研藥研發流程漫長，主要包含臨床前試驗及臨床試驗兩個階段。臨床前試驗在化合物研究篩選後，經過改良藥物結構、活體研究，選出測試藥物進入臨床實驗階段，需要花費 2 ～ 3 年；臨床實驗主要針對人體適應性進行一期、二期、三期實驗，參與實驗的人數及金額都隨著臨床推進大幅增加，平均到三期臨床實驗結束需耗時 6 ～ 8 年，花費金額上看 1,500 萬美元，而臨床測試病患人數也由一期不到 100

人增加到三期 1000 ～ 5000 人以上規模，而最終能通過三期臨床機率不到 5%。

如果再加上美國食品藥物管理局（FDA）審核，則一款原研藥從研發到成功上市至少需時 10 年，加計中途臨床失敗成本，前後花費可能高達數億美元，這也是為何新藥上市一般享有 20 年專利期，扣除臨床試驗期間後，仍有 10 年的專利保護期。為了回收藥品開發成本，其售價一般訂於市場可以接受的最高價格，醫療福利較好的國家，政府及個人商業醫療保險可以覆蓋大部分藥價，價格敏感度也較低，因此原研藥毛利率基本可達 90% 以上。

學名藥在原研藥核心專利（化合物）到期後，透過更改劑型、用藥方式（例如注射改口服）、發現新適應症等來規避原研藥非核心專利限制。由於仿製藥活性成分與原研藥相同，臨床試驗成本及失敗率大幅降低，2 ～ 3 年即可搞定，開發成本不到原研藥 10%，歐美相關公司毛利率平均 40% ～ 50%。此外，首仿藥受惠於競爭對手較少，可以在短時間大幅提高市占率，具備先發者優勢。在當前醫療成本偏高之下，政府健康保險支出壓力增加，學名藥有助於降低社會醫療負擔，長期受惠政策支持。

醫療器械舉凡醫院用的醫療設備，到人工瓣膜、心臟支架、人造關節、醫美填充物、角膜塑形鏡相關器材都屬於器械範疇。這類產品對於患者來說是剛性需求，也是老齡化社會趨勢下的受惠者，而且有些產品年限到了就必須更換，例如人工瓣膜、人造關節的使用壽命大約只有 10 ～ 15 年。

行業進入門檻

行業的進入門檻在於專利保護、規模效應、轉換成本。

專利保護：這是原研藥與醫療器械核心進入門檻，產品在專利保護期間內具備顯著訂價權，明星產品會帶來大量的利潤及現金流量。

規模效應：仿製藥公司進入門檻在於建立足夠的產品矩陣及規模效應，由於製藥屬於重資產行業，產能越大的公司，越能透過大量生產壓低單位成本，增厚公司利潤。

高轉換成本：醫療器械認證時間長、過程繁瑣，進入門檻高，加上手術所需耗材繁多，所使用工具大多也是原廠配套產品，以避免不同品牌耗材因為匹配程度較差產生手術風險。對於醫師來說，更換新的廠商往往意味需要重新學習培訓，導致轉換成本較高。

行業觀察指標

政策風險：各國都面臨高藥價對於醫療保險預算的壓力，降藥價成為重要的政策。例如中國 2018 年推出帶量集中採購政策，要求仿製藥先通過一致性評價，通過評價的多款藥品再一起進入集中招標，用以價換量的方式，最低報價者可以得到最大的市占率，入圍藥品降價幅度甚至達到 90％。

公司觀察指標

成功基因在於具備突出的研發能力、龐大的行銷網絡和強勁的資本結構。

突出的研發能力：對製藥公司來說，明星產品（年銷售額超過 10 億美元）可以產生大量自由現金流量，來支持研發投入，同時擁有多個新藥，可以避免單一產品專利到期風險。其次，多款新藥進入臨床階段，決定公司長期成長引擎。最後，對於專利即將到期藥品，公司可以透過藥品合成、配方製劑改良重新申請新專利，延長專利到期期

限。醫療器械行業挑選細分應用領域的龍頭公司，最好是屬於平台型的器械公司，透過不同產品的交叉銷售，增加客戶黏性的同時也會提振公司收入，產品結構較豐富的公司營運通常也更為穩定，擁有長期臨床聲譽的公司信賴度較高。

產品銷售潛力：產品具備高單價、重複消費特性，意味市場空間越大，開發價值越高。例如糖尿病患者需要終生用藥、骨科及心臟瓣膜等醫材有生命周期，患者需要定期檢查更換。

龐大的營銷網路：銷售能力是製藥與器械行業除了研發之外最重要的能力，需要和各大醫院保持長期合作，透過對醫師學術推廣與長期接觸來建立信任感，因此行銷及管理費用也是營業費用中最大支出項目。

財務指標：強勁的自由現金流量及高利潤率。依靠產品矩陣及明星產品產生大量自由現金流量，來支持下一款產品研發，形成良性循環。高利潤率來自專利保護，優秀的公司毛利率可以達到60％以上、淨利率20％以上、ROE、ROIC達到20％以上。

醫療訴訟風險：觀察公司是否正在進行醫療訴訟，及是否對應提撥準備金，如果有訴訟正在進行，意味將來某一時點可能對業績產生巨大影響。

公司案例

嬌生成立於1886年，是一家全球擁有超過265家營運分公司的跨國性製藥公司，2021年收入937.8億美元（年成長41.7％），淨利潤261.9億美元（年成長22.0％）。業務主要分為製藥、醫療器械、消費者健康3類，公司計畫分拆消費者健康業務單獨上市，分拆後將聚焦於製藥及器械兩大產線。

娇生 2021 年營收占比及產品線

	營收比重	產品類別
製藥	55.5%	自身免疫（占比 33%）、抗腫瘤（占比 27%）、神經科（占比 14%）、感染類（占比 8%）
醫療器械	28.9%	骨科、外科、心血管、糖尿病、眼部健康等
消費者健康	15.6%	嬰兒護理（爽身粉）、美容（露得清）、女性健康（依必朗）、傷口處理（創可貼）等知名產品

資料來源：娇生財報

突出的研發能力：製藥產品線不乏明星產品，Darzalex 適應症從晚期多發性骨髓瘤向前拓展到較早期治療階段，並成為行業治療標準，2022 年一季度銷售額達 13.7 億美元（年成長 45.7%），占製藥部門營收 11.2%；Stelara 為公司旗下抗炎藥，主要用於治療乾癬症，在增加克隆氏症及潰瘍性結腸炎適應症之後，目前對於紅斑性狼瘡適應症處於二期臨床，2022 年一季度銷售額達 13.3 億美元（年成長 15.4%），占製藥部門營收 10.9%。醫材方面，公司核心產品線在骨科、手術兩大領域，由於醫療器材認證時間長，有很高轉換成本，目前娇生已經是骨科、內視鏡器材領導廠商。

龐大的營銷網路：公司全球子公司超過 250 家，產品銷售 170 個國家地區，建立龐大的營銷網路，醫療器材產品深入各大醫院科室，公司管理及行銷費用占營運費用比重達到 62%。

財務指標：自由現金流量過去 5 年平均 192 億美元，ROE 超過 20%、毛利率約 67%、流動比率在 1.2 以上。無論是經營能力還是償債指標，表現都相當優秀，公司也是股息成長股，年配息從 2017 年 3.3 美元上升到 2021 年 4.2 美元，保持年年上升走勢。

股價走勢來看，過去 10 年（2012/9/30 ～ 2022/9/30）公司股價

報酬率 218.8％，年均複合報酬率 12.3％，而同期標普 500 指數報酬率 154.9％。公司本益比過去 10 年大致落於 17～30 倍，目前估值 23.4 倍，為於歷史區間中值。

嬌生月線走勢

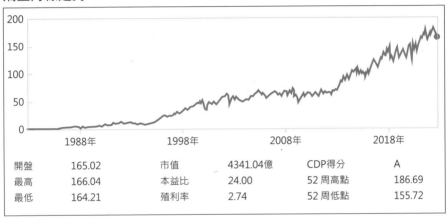

開盤	165.02	市值	4341.04億	CDP得分	A
最高	166.04	本益比	24.00	52 周高點	186.69
最低	164.21	殖利率	2.74	52 周低點	155.72

資料來源：Google

▪ **服務外包**

觀察指標

行業觀察指標	
新藥融資（上市）需求、政策監管	
公司觀察指標	
經營效率指標	研發能力、訂單成長、產能擴充（固定資產、在建資產）
財務指標	毛利率、淨利率、ROE、ROIC

行業特性

　　新藥研發的雙十定律指新藥從研發到上市，平均需要花費 10 年及 10 億美元投入，長時間、高投入、高失敗率使得新藥研發難度越來越高，中小藥企沒有足夠的資源進行完整研發流程，選擇外包研發、

生產，有助於降低新藥成本；而近幾年中國醫療服務外包行業快速發展，主要受惠於工程師紅利帶動，同樣的研發人才，中國的薪資成本較低，在競爭上享有成本優勢。

醫療研發與生產外包可分為合同研發（Contract Research Organization，CRO）、生產外包（Contract Manufacturing Organization，CMO）、研發生產外包（Contract Development and Manufacturing Organization，CDMO）、銷售外包（Contract Sales Organization，CSO）4項。其中，CRO可以區分為臨床前CRO和臨床CRO，CDMO則分為小分子化學藥CDMO和大分子生物藥CDMO，前者相對後者進入門檻較低。

平均一萬個候選化合物經過藥物發現、臨床實驗成功，最終可能只有一款藥物能獲批上市，開發成本高昂，因此藥廠透過與CRO合作，平均可以降低40％研發成本，並縮短15％～25％臨床時間。新藥臨床越到後期，醫療服務外包公司獲得報酬越高，從臨床時的里程碑收入，到新藥量產後可以獲得銷售的某一百分比收入，所貢獻的收入量級隨商業化程度出現大幅跳躍。

全球 CRO、CMO 公司產業鏈布局情況

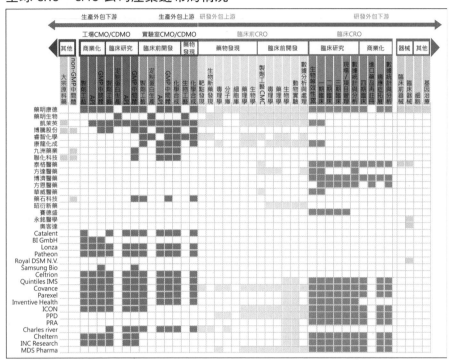

資料來源：中金公司

行業進入門檻

高轉換成本：新藥研發隨著臨床項目越到後期，所投入與花費的資源將大幅提升，藥廠更換醫療服務外包供應商成本也會對應提高。

強規模效應：透過大量客戶群體來降低單一用戶成本，公司產能越大則單位固定成本越低，主要方式包含擴充產能、購併同業公司。

強大的品牌：由於新藥開發成本高昂，為了降低藥物臨床失敗率，客戶會傾向與研發及產能具備優勢的龍頭公司合作。

交叉銷售：具備臨床前、臨床後到生產各環節業務的公司，可以對客戶提供一站式服務，透過引導客戶使用新的服務，增加單一客戶的收入貢獻。

行業觀察指標

新藥融資需求：行業屬於項目接單制，最好的買進時機在於立案項目連續數年處於量升階段，夠多的立案項目才能提高進入臨床實驗的數量。因此當股市處於牛市的時候，藥廠容易透過 IPO 上市、股權增發、銀行貸款等方式進行融資，推動新藥研發項目立案，帶動醫療服務外包需求。一旦股市落入熊市，藥廠經由資本市場融資難度提高，CXO（醫藥合同外包服務）景氣度也會下降。

政策監管：由於原研藥進入門檻高、資源投入大，很多藥廠最終選擇門檻較低的仿製藥，競相採用類似靶點、不同給藥方式、增加適應症等方式來取得新藥資格，消耗大量的醫療資源卻生產出更多 Me-too 藥品。為此中國藥監局在 2021 年 7 月頒發《以臨床價值為導向的抗腫瘤藥物臨床研發指導原則》和《化學藥品創新藥上市申請前會議藥學共性問題相關技術要求》的徵求意見稿，要求新藥研發必須以患者需求為核心，以臨床價值為導向，引導藥企研發走向真正意義上的創新，這將導致大量計畫中的 Me-too 藥品喊停，進而減少醫療服務外包的需求。

公司觀察指標

觀察重點在研發、訂單、產能 3 方面。CRO 看研發能力與訂單情況，CDMO 則看訂單情況與產能優勢。

研發能力：決定公司的接單能力。對於 CRO 公司來說，臨床實驗需要大量技術人才，當訂單需求強勁時，會增加技術人才招聘及研

發費用支出，相關指標成長速度常被用於判斷訂單能見度。

訂單成長：訂單反映未來營收成長動能。可以觀察公司新接訂單數量，或應收帳款、合同負債變化，當公司簽訂合約後，會按照進度認列收入，尚未認列的部分會歸入為合同負債。訂單數量、應收帳款、合同負債越高，通常代表業績未來成長越強勁。

產能擴充：產能決定訂單生產能力。是 CDMO 公司能否持續接單的先決條件，大幅擴充產能的決定通常基於對未來訂單能見度的信心，並反映在固定資產與在建工程的成長。

公司案例

藥明康德（603259 CH）成立於 2000 年，是中國排名第一、全球前十大的 CRO 與 CMO 龍頭，提供藥物發現、臨床實驗到藥物生產服務。2021 年收入人民幣 229 億元（年成長 38.5％），淨利潤 40.6 億美元（年成長 70.4％）。

公司核心競爭力來自：

全產業鏈布局：公司業務涵蓋化合物發現、臨床前、臨床實驗、商業化各個階段，提供客戶分階段或一站式服務需求。當客戶產品進度由前期藥物分子發現往臨床實驗及生產推進，產品越到後期產生的價值量越高。

藥明康德主要業務

业务分类	主要业务类型	细分领域	主要内容	涉及子公司	收费模式
CRO	中国区实验室服务	小分子化合物发现服务	合成化学、生物学、药物化学等一系列相关业务	上海药明、苏州药明、天津药明、武汉药明	FET/FFS
		药物分析及测试服务	药代动力学及毒理学、生物分析服务、分析化学和测试服务等	上海药明、苏州药明、天津药明、武汉药明	FFS
	美国区实验室服务	医疗器械检测及精准医疗研发生产服务	医疗器械检测、境外精准医疗研发生产，主要为美国客户提供研发服务	AppTec（药明康德美国）	FFS
	临床研究及其他CRO服务	临床研究及CRO辅助业务	临床实验管理、监察及临床试验数据分析服务、临床协调及现场管理服务等	康德弘翼	FTE/FFS
CMO/CDMO	小分子新药工艺研发及生产	工艺开发	临床前期新药中间体、原料药及制剂的工艺开发	合全药业	FTE
		生产	新药中间体、原料药及制剂生产	合全药业	销售商品

資料來源：中金公司

長尾客戶策略：相比於大型藥企外包服務，中小型藥企外包需求往往從最早期的藥物發現開始，一路進行到臨床階段及後期生產，透過長尾量大的特性，提高最終進入上市藥品的數量，帶來利潤高成長。在積極發展長尾客戶策略之下，公司客戶總數從 2015 年 2,633 家上升到 2021 年 5,700 家，2021 當年新增客戶數達 1,660 家。以公司與 Pharmacyclics 從臨床一期開始合作 Ibrutinib 藥物開始，到最終上市進入商業化生產階段，承接訂單也從臨床一期的 20 公斤，逐步到臨床二期的 650 公斤、臨床三期的 6.4 噸，最終上市後的商業化訂單達 37 噸，呈現倍數級的提升。

訂單成長：2021 年在手訂單人民幣 291 億元（年增 83.5%），合同負債人民幣 29.9 億元（年增 105%），存貨人民幣 59.1 億元（年增 241%）。製劑 CDMO 已有 4 個商業化生產項目，另外 8 個處於臨床三期或 NDA 申請階段，未來商業化項目有望進入加速期。

小分子管線項目：截至 2022 年第一季度末，藥明康德小分子 CRDMO 管線所涉新藥物分子 1,808 個，其中臨床三期 49 個、臨床二期 271 個，臨床一期及臨床前階段 1,446 個、已獲批上市的 42 個。

財務指標：過去 5 年平均毛利率 38.9%、淨利率 19.2%、ROE 15.3%、ROIC 13.7%，表現優於行業平均。

股價走勢來看，過去 4 年（2018/5/31 ～ 2022/9/30）公司股價報酬率 561.2%，年均複合報酬率 60.4%，同期滬深 300 指數報酬率 72.6%。

公司本益比估值過去 10 年大致落於 48 ～ 109 倍，目前為 31 倍，股價自 2021 年中見高後大幅回調，主要因為全球通膨高漲引發衰退預期，加上美國聯準會加速升息影響，創新藥企業上市融資數量下降，

引發市場對於行業未來需求下滑預期,加上中美政治衝突升溫,美國計畫進一步扶持高端生物製造,引發行業情緒進一步走低。

藥明康德月線走勢

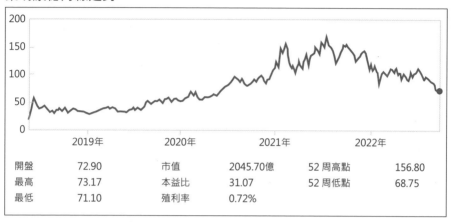

開盤	72.90	市值	2045.70億	52 周高點	156.80
最高	73.17	本益比	31.07	52 周低點	68.75
最低	71.10	殖利率	0.72%		

資料來源: Google

• 醫療連鎖

觀察指標

行業觀察指標	
景氣周期、政策監管	
公司觀察指標	
經營效率指標	品牌、新開醫院數量、單店營收成長率、激勵制度
資產品質指標	毛利率、淨利率、ROE、ROIC、商譽

行業特性

醫療連鎖包含牙科、眼科、醫院、藥房等以服務或零售為主的商業模式,行業驅動力來自對於醫療服務的剛性需求、消費升級、高齡化趨勢。從商業模式來看,自費比重越高的專科醫院越能反映消費升級趨勢,醫療收費具有較高彈性,例如口腔矯正、近視雷射、醫美診

所。而剛性需求為主的綜合醫院，醫療收費則受到政府管制。

行業進入門檻

行業的進入門檻在於品牌優勢、規模效應、轉換成本。

品牌優勢：患者對於品牌的認知度越高，信賴感就越強。例如身體不適時會習慣去大醫院檢查，找該領域的權威醫師，連鎖醫院品牌知名度高、注重醫療服務及口碑，例如中國的愛爾眼科、口腔的通策醫療、台灣的長庚醫院，都是在當地較受信賴的醫療品牌。

規模效應：首先是投入資本，醫療連鎖須對醫院的軟硬體設施、醫師培訓大量投入，取得專業人才對於快速擴張的醫療體系至關重要。其次，通路的擴散可以在一個區域內增強品牌意識，而多家醫院對單一設備及耗材可以統一採購，透過採購規模形成較強的議價力。

轉換成本：患者在一家醫院開展療程後，通常不會頻繁更換醫院，因為每次更換都需要重新進行檢查程序，增加時間及醫療成本。

行業觀察指標

景氣周期：景氣上行期間，消費者會增加對於牙齒矯正、眼睛屈光手術等消費屬性較強的醫療服務需求，受景氣波動影響程度較大；但綜合醫院及藥房受剛性需求推動，受景氣影響較小。

政策監管：政府可能針對部分醫療項目設定收費標準（上限）或審查機制，例如，台灣醫療院所各種收費項目都須經過衛生局審查核備，並公開於衛生局網站；中國則於 2022 年通過對於牙科診治服務費設定上限收費標準，單顆種植牙服務上限收費人民幣 4,500 元。

公司觀察指標

優秀的品牌：知名的品牌會自帶流量，因為品牌會產生信賴感，這也是患者通常會選擇大醫院的原因。因此醫院會盡力避免醫療糾紛，如果是醫療行為疏失導致，就會損及醫院形象。

新開醫院數量：新醫院可以帶來營收成長動能，營運爬坡過程中會帶來利潤增加，同時增強消費者品牌認識度，而醫師培養制度是否完善、資本融資是否到位，決定連鎖醫院擴張速度。為了避免影響母公司業績，透過成立購併基金平衡短期虧損和擴張速度是可行的方式。此外，擴張速度過快需要關注管理半徑問題，避免提高醫療糾紛發生機率。

單店營收成長率：老醫院營運較穩定，受到醫院病床數、醫療資源的限制，能收納的病患數有上限，營收增速往往低於 10％，成長主要來自科室服務結構及醫療價格的調整，但可產生穩定的經營現金流。新醫院在經營爬坡期間，隨著各項醫療科室陸續使用，成長速度較快，前幾年可達到 20％以上。

完善的激勵制度：醫院經理人制度，在足夠的激勵條件下，會最大化醫院價值，比方像合夥人制度，醫院在創建初期時，經營團隊會持有部分股份；一旦經營跨過損益平衡點，母公司會以公允價值收購合夥人股權實現財務報表合併。經營團隊可以獲得豐厚的股權增值報酬，母公司則會受惠於醫院獲利進入加速成長階段。

財務指標：比較毛利率、淨利率、ROE、ROIC 等經營指標是否優於行業平均。此外，必須留意商譽占總資產比重偏高的公司。採用購併方式實現快速成長的公司，長期下來會累積大量商譽，當被購併的醫院經營不如預期時，就會需要對商譽進行減值測試，可能會衝擊當期獲利表現。

公司案例

　　愛爾眼科（300015 CH）是中國眼科連鎖醫院龍頭，主要業務包含近視雷射、白內障、驗光等業務。其中，白內障業務受惠於老年人口占比持續增加，屬於剛性需求；近視雷射則受惠於消費升級趨勢，平均客單價受惠於全飛秒手術占比提升，毛利率最高。

　　眼科診療流程高度標準化，有利連鎖擴張，而公司醫師培養制度完善，旗下超過 6,000 名專科醫師占中國全體眼科醫師 10%以上，經由成立產業購併基金，提供體制外新建醫院融資需求；而合夥人計畫的推行，讓管理層持有部分醫院股權提高營運積極性。當醫院跨過損益平衡點時，由公司發行股份或現金方式收購醫院股權。受惠於新併入的醫院獲利進入爬坡期，以及既有醫院的營運成長，讓公司得以維持數年平均 30%的利潤增速。

　　經營數據來看，過去 10 年（2012～2021 年），毛利率、淨利率、ROE、ROIC 平均值分別為 47.4%、13.6%、17.0%、16.1%。核心經營數據表現優秀，業務成長能見度高，帶動股價常年維持高估值。

　　股價走勢來看，過去 10 年（2012/9/30～2022/9/30）公司股價報酬率 2143.3%，年均複合報酬率 36.5%，同期滬深 300 指數報酬率 72.6%。公司本益比估值過去 10 年大致落於 34.5～118.5 倍，目前回落到 80.8 倍，處於歷史中樞位置。公司股價 2021 年 6 月後出現大幅回調，一方面是估值過高，市場預估年均利潤增速 30%，當期估值達到 170 倍；一方面是中國疫情反覆，包含眼科醫院在內的線下消費都受到波及。

愛爾眼科月線走勢

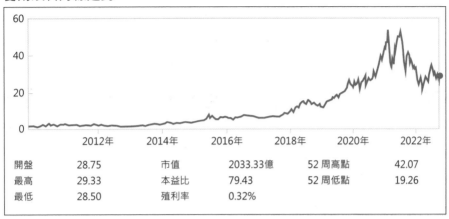

開盤	28.75	市值	2033.33億	52 周高點	42.07
最高	29.33	本益比	79.43	52 周低點	19.26
最低	28.50	殖利率	0.32%		

資料來源：Google

5 工業股

　　工業行業細分領域眾多，包含工程機械、電網、新能源設備等。工程機械下游對應基礎建設、房地產市場，受景氣循環影響較大；電網、太陽能、風電由政府招標主導，受景氣影響較小。

▪ 工程機械

觀察指標

行業觀察指標	
固定資產投資數據、開工小時數、更新周期	
公司觀察指標	
經營效率指標	市占率、經銷網路
財務指標	毛利率、淨利率、ROE、ROIC、自由現金流量、負債率

行業特性

　　工程機械主要包含挖掘機、起重機、泵車、叉車等產品，又以挖

掘機產值最高，挖掘機依照噸位分為大挖（30 噸以上）、中挖（20 ～ 30 噸）、小挖（低於 20 噸）。近年來由於人力成本提高，用於小型建設的小挖在日本及中國需求持續提升，銷售量占比也跟著提升。

各類型挖掘機介紹

分類	噸位	應用範圍
大型挖掘機	>30 噸	礦山開採、大型基建
中型挖掘機	20 ～ 30 噸	地產開發、交通建設
小型挖掘機	<20 噸	市政建設、農田水利

資料來源：華西證券研究所

行業周期與景氣連動密切，龍頭美商卡特彼勒（Caterpillar）被譽為景氣信號金絲雀。需求主要來自新增及更新換代兩方面，以中國為例，2008 年底推出人民幣四兆元基礎建設刺激政策，帶動 2009 ～ 2010 年行業新增需求大爆發。經過 8 ～ 10 年使用期限後，於 2018 ～ 2020 年迎來了更新換代需求，中國本地龍頭三一重工（600031CH）在這兩階段的股價都出現大幅飆升。

行業進入門檻

顯著的規模效應：行業競爭格局發展到最後往往大者恆大，重資產屬性需要依靠規模效應在供應鏈、運營端取得競爭優勢，提高利潤率表現。2021 年全球前 10 大公司市占率合計 65%；中國市場前 3 大公司市占率合計超過 50%（三一重工 28%、徐工機械 16%、卡特彼勒 10%），顯示市占率向龍頭公司集中。

強大的經銷網路：工程機械如果在施工中故障，可能導致工地建設進度落後，經銷據點越廣泛，就越能夠協助下游客戶在短時間內排除問題。

行業觀察指標

同時受到景氣周期及行業周期影響,景氣周期主要影響固定資產投資、工程機械開工小時數,行業周期則來自於新增需求、更新周期兩方面。

固定資產投資:該指標包含地產投資、基礎建設投資、製造業投資3項,景氣熱絡時期,地產投資、製造業投資處於成長階段,分別對應房地產銷售旺盛及企業建廠需求;基礎建設則屬於逆周期財政措施,政府在景氣下行期間,會加大相關投資來對沖地產及製造業下滑,但需求增量不足以彌補地產端下滑。因此行業在景氣下行負面影響較大,一方面是機械新增需求量降低,一方面是客戶延後更新產品,導致更新需求下滑。

利用小時數:指標走升時表示下游施工需求旺盛,對於工程機械需求走強,投資人可以搭配固定資產投資數據做為印證。

更新周期:工程機械每隔8～10年就會面臨更新周期,更新周期高峰過後,通常意味接下來幾年,就算景期處於向上周期,行業整體需求成長仍會放緩。

公司觀察指標

市占率:行業利潤率提升主要依靠規模效應,當各項產品銷量增速高於行業平均的時候,代表市占率持續提升,也代表獲得更好的規模效應。

經銷網路:銷售據點密度體現終端客戶服務能力,當公司在新地區開展銷售,設立辦事處時,有望帶來新的成長動能。

財務指標:當景氣周期向上時,毛利率、淨利率、ROE、ROIC

等都會同步好轉,並產生強勁的自由現金流量,可透過償還長期負債改善債務結構,也可以減少利息支出,提高公司獲利表現,並增加分紅回饋股東。

公司案例

　　三一重工(600031 CH)為中國工程機械行業龍頭,挖掘機、混凝土機械全球銷量第一,起重機中國第一大。2021年營收人民幣1,069億元(年增7%),淨利人民幣120億元(年減22%)。三大產品挖掘機(占比39%)、混凝土機械(占比25%)、起重機(占比21%)中,挖掘機及起重機保持雙位數成長,混凝土機械則下滑1%,毛利率受原材料價格、國際運費上漲影響,分別下滑2.1%～5.7%。

　　市占率:公司於2018～2020年行業更新換代周期來臨時,藉由高性價比產品優勢,中國及海外市場市占率持續提升;其中,海外市場受惠於公司戰略推進,大量銷往開發中國家,2021年營收比重達到23%。

　　財務指標:過去5年,挖掘機、泵車高速成長帶動規模效應,毛利率從25%提升到超過30%,淨利率提升到10%以上;ROE、ROIC則在負債率持續下降的情況下,從不到10%逆勢上升到20%以上。公司以自由現金流量償還負債,一方面減少利息支出增加利潤,一方面降低負債率改善報表,每股盈餘從2018年0.79元提升到2020年1.84元,3年期間股價年複合收益達60%。

　　股價走勢來看,過去10年(2012/9/30～2022/9/30)公司股價報酬率66.4%,年均複合報酬率5.2%,同期滬深300指數報酬率72.6%。公司股價淨值比估值過去10年大致落於1.5～3.6倍,目前回落到1.9倍,處於歷史低檔。公司股價2021年2月後大幅回調,

一方面是原物料價格上升影響毛利率走勢，一方面是受到中國機械更新換代周期結束，以及後續地產銷售地迷，新開工增速持續下滑，導致市場對工程機械需求大幅降低。

三一重工月線走勢

開盤	13.86	市值	1196.70億	52 周高點	26.38
最高	14.07	本益比	25.57	52 周低點	13.85
最低	13.85	殖利率	3.24%		

資料來源： Google

• 碳中和主題

觀察指標

行業觀察指標		
風電、太陽能：政府招標、裝機數據、出口數據、行業庫存、政治風險 新能源車：消費者信心指數、整車銷量、補貼政策、電池環節排產		
公司觀察指標		
經營效率指標	新技術路徑、垂直整合能力、規模效應	
財務指標	毛利率、淨利率、ROIC、應收帳款、負債率	

行業特性

　　碳中和目前市場最關注的莫過於太陽能、風電、新能源車，3 大行業皆處於滲透率快速提升階段，但驅動力來源有所不同，風電幾乎

依靠政府招標推動；太陽能前期以政府招標為主，近兩年來居民端戶用太陽能建設快速發展；新能源車主要面向終端消費者。一般來說，銷售端來自政府比重越高，受景氣波動影響越小；銷售端來自消費者比重越高，受景氣波動影響越大。

政府招標項目追求效益，產品在符合性能參數要求之下，以最低價者得標，前提是該項目必須滿足最低收益率（Internal Rate of Return, IRR）要求。例如太陽能產業鏈成本大幅上揚，下游電廠無法滿足最低收益率目標，就可能選擇延後安裝。因此額外成本往往只能由中上游吸收，議價能力越差的環節，利潤率受損越嚴重，屬於成本最低者得市場。

消費端成本轉嫁看目標群體，例如新能源車，平價品牌銷售對象是中產階級，追求高性價比，產品價格敏感度高，車廠漲價可能導致消費遞延；高端品牌銷售對象是高資產族群，追求高配置、高性能，車廠可以透過新車型做出差異化，轉嫁成本上漲壓力，屬於性能最好者得市場。

有一點很重要，就是要找出利潤集中度最高的環節，但往往隨著供需格局發生變化，高利潤環節也會隨之改變。原則上，擴產周期越長的行業，越容易出現供不應求，成為利潤高度集中的環節。例如，太陽能硅料擴產周期 1.5 ～ 2 年，電池片不到 1 年，組件只需要 6 ～ 9 個月，因此 2021 ～ 2022 年行業需求爆發的時候，硅料因為供需缺口最大，成為最賺錢環節，組件端則出現嚴重產能過剩。

太陽能

行業上游是硅料、硅片，中游為電池片、組件、逆變器、輔材（支架、膠膜、玻璃），下游為電廠。硅料經由拉晶切片後形成硅片，當

硅片製成電池片之後，再輔以膠膜、玻璃形成組件，組件搭配逆變器、支架系統形成太陽能電站。

從各環節的利潤來看，硅料受限於產能瓶頸，價格從 2021 年初的每噸人民幣 8 萬元上漲到 2022 年的 30 萬元，利潤在全供應鏈中占比 80％以上，龍頭通威股份日子過得最舒服。硅片致力透過大型化、薄片化來降低成本；組件則面臨產能過剩、上游強勢漲價、下游成本抵制影響，利潤空間大幅壓縮，形成上游吃肉、中游喝湯的窘況。在輔材的部分，逆變器、膠膜單價低，成本轉嫁較為順利，而太陽能玻璃同樣存在供過於求，屬於賺辛苦錢。

由於補貼減少，電廠會計算內部報酬率（IRR）是否達最低要求，如果裝機成本過高，通常會選擇延後安裝，需求下降會導致組件端庫存快速堆積，直到上游硅料價格再度下跌，整體成本下降後再啟動新一輪裝機。

2022 年第四季開始，大量硅料新產能逐步投產，硅料供需缺口縮小將帶動價格緩步下降，有望刺激電廠裝機量上升。接下來以膠膜的 EVA 粒子產能瓶頸最大，報價上漲有望帶動利潤彈性。

風電

上游主要是玻纖材料、鋼鐵，中游為葉片、風電整機、軸承、塔筒、電纜，下游為電廠。近年來受到中國補貼減少以及土地資源短缺影響，迫使中游產業鏈提高發電效率，風電葉片大型化、大功率風機成為降本增效主要來源。

各環節發展來看，風機面對的是大型電廠客戶，競爭充分導致議價能力較差，獲利能力也較弱；軸承是發電機組核心零組件，需要大量技術及經驗累積，進入門檻高，產品需要經過客戶端長時間認

證，因此轉換成本較高，目前主軸承已經形成寡頭壟斷格局，前兩大公司舍弗勒（市占率30％）、SKF（市占率24％）合計市占率超過50％。

風機大型化帶動軸承單價及利潤率提升；塔筒技術門檻較低，利潤主要受鋼材價格走勢影響，原物料占整體比重超過80％；葉片在風機中成本最高，主要供應商包含維斯塔斯、GE、西門子。為了增強一體化競爭力，風機廠也開始涉及葉片領域，未來競爭格局可能發生變化。以毛利率來說，主軸承可以達到40％以上，風機、葉片、塔筒大約20％～25％。

新能源車電池

上游主要是鋰礦、鈷礦，中游為電池廠及正極、負極、隔膜、電解液等零部件環節，下游為整車廠。當中以上游的鋰、鈷礦及中游隔膜擴展周期較長，較容易發生供需缺口。如果以競爭格局來看，相對穩定的包含電池以及隔膜，電池廠龍頭寧德時代（300750 CH）市占率超過30％以上，具備顯著規模效應，其次為比亞迪、LG、松下等廠商。隔膜則受限於設備取得周期長、技術門檻高，競爭格局也很穩定，龍頭恩捷股份（002812 CH）市占率接近50％，其他的正極、負極、電解液進入門檻較低，競爭較為充分。

行業進入門檻

進入門檻不高，主要原因在於：

普遍產能過剩：產品高度同質化、較低的技術門檻，導致多數公司只能致力擴充產能，透過規模效應壓低生產成本，以更低報價取得市占率，即使是擴產周期較長的環節存在短期供給瓶頸，擴產也只是時間問題。各環節產能擴張至少達到超額利潤消失為止，但往往有過

之而無不及，最終必須用價格競爭來出清產能，只有當競爭格局穩定後，龍頭的市占率及利潤率才會逐步回升。

技術後發先至：以太陽能為例，多晶硅龍頭保利協鑫在單晶硅技術出來後，由於單晶硅效率更高，隆基股份順勢成為行業新的龍頭公司。此外，近年來電池片技術變化快速，傳統的 PERC（Passivated Emitter and Rear Cell）轉換效率存在瓶頸，新技術 TOPCon （Tunnel Oxide Passivated Contact）可以提高轉換效率，加上多個設備與 PERC 技術共用，升級成本最低。轉換效率更高的 HJT（heterojunction）、鈣鈦礦技術，只能更換整條產線才能生產。

因此後進者可以直接布局 HJT 技術，舊玩家則面臨龐大的重製成本，兩者起跑點一致，舊玩家沒有太多優勢。當新技術出現時，該領域的設備龍頭也是可以考慮的對象，例如 PERC 及 TOPCon 設備龍頭捷佳偉創、HJT 設備龍頭邁為股份，當新技術滲透率快速提升時，設備端往往是最受惠環節。

太陽能技術路徑比較

	PERC	TOPCon	HJT
硅片類型	P 型	N 型	N 型
轉換效率	22%	23%	25%（鈣鈦礦疊層電池 >28%）
製程工序	9 步驟	9 步驟	4 步驟
設備兼容性	目前主流	PERC 設備升級	不相容
每 GW 投資額（人民幣）	<2.0 億	2～2.5 億	6～8 億

資料來源：深圳市拉普拉斯能源技術有限公司

行業觀察指標

太陽能與風電建設由政府買單,行業受景氣波動小,可以觀察政府招標、裝機數據、出口數據、庫存水準,留意數據變化趨勢。流程上,政府端啟動招標之後,相關得標廠商會開始進行生產組裝,並送往電廠端進行系統裝機。因此政府招標金額是領先指標,裝機數據則可以反推年內還有多少待裝機量,例如 2022 上半年受到疫情影響,導致風電量達成率偏低,則可以預期下半年裝機速度將會提升,業績也會呈現先低後高走勢。

此外,在全球碳中和趨勢下,中國因為低成本優勢,各環節全球市占率較高,出口也相當旺盛,投資人短期可關注烏俄戰爭對於能源價格影響,中長期可關注海外國家對於太陽能、風電裝機量目標是否上調。2022 年 7 月以來的高電價,歐洲戶用太陽能成本回收期間從 10 ~ 12 年減少為 5 ~ 6 年,刺激搶裝意願,出口占比高的公司相對受惠,出口數據也可視為季度業績先行指標。最後須關注各環節庫存,如果生產環節供需失衡導致價格上漲過快,電廠無法負荷高成本,就會放緩裝機速度,透過中上游庫存堆積實現降價,影響短期利潤表現。

新能源車主要由消費者買單,行業受景氣波動大,可以觀察消費者信心指數、汽車月銷量增速、政府補貼政策、電池各環節排產量。透過整車市場買氣,及新能源車滲透率提升速度來判斷行業銷量能否維持高成長。

前者可以觀察消費者信心指數、汽車月度銷量數據,如果整體車市處於上行階段,則新能源車預估銷售量就有上修空間。而後者在低滲透率時需要依賴政府補貼刺激買氣,如美國市場;在滲透率較高的市場,如中國及歐洲(滲透率超過 20%),就不太需要依賴補貼拉動。

最後，電池占新能源車成本比重達 40％，電池各環節的排產量反映汽車廠對於電池需求情況，排產量越高代表整車廠拉貨越強勁，則新能源車銷量超預期的可能性越高。

風險指標包含：

產能過剩：政府大力補貼的行業，幾乎確定會走向重複建設、產能過剩，最終引發激烈的價格戰，只有在行業經過一輪產能出清後，才會達到供需平衡。以太陽能來說，未來幾年各環節供給都將呈現倍數增加，這當中不乏跨界競爭的公司，說明行業熱度已經到了危險的地步。

發電併網效率低：隨著集中式電廠及戶用太陽能加速建設，儲能設施及特高壓電網消納能力無法跟上，就會產生大量棄光、棄風問題，相當於新能源有效發電量大打折扣。

新技術路徑：太陽能、新能源車電池是技術疊代比較快的環節，除了主流技術，還有多個技術路徑處於研發實驗階段，儘管龍頭公司多有新技術儲備，但未來鹿死誰手尚未可知。

政治風險：太陽能及風電產業存在中美政治博弈風險。美國《防止維吾爾人強迫勞動法》在 2022 年 6 月生效，導致中國大量太陽能組件在美國海關遭到扣留，這些產品必須提出沒有來自新疆生產相關證明才能放行。

周期影響：景氣下滑時，儘管新能源車滲透率持續上升，卻不一定能抵銷汽車行業銷量下滑影響，意味新能源車銷量成長速度可能面臨下修風險。

公司觀察指標

新技術路徑設備龍頭：新技術往往帶來全新的擴產需求，也會帶動新技術設備龍頭訂單大幅增加，成為最大受惠者。例如太陽能 TOPCon 的設備龍頭捷佳緯創，或 HJT 設備龍頭邁為股份。

垂直整合能力：具備產業鏈垂直整合能力，可以進一步降低生產成本，例如太陽能的通威股份，已經是硅料及電池片龍頭，2022 年下半開始積極切入組件環節，由於上游硅料價格位於高檔，並帶來豐厚利潤，切入組件環節可以用較低的市場報價做為競爭，淘汰成本較高的公司。

規模效應：同質化產品較高的行業，龍頭通常也是該環節產能規模最大的公司，例如電池的寧德時代、組件的隆基股份等。

公司案例

寧德時代（300750 CH）是全球最大的新能源車電池供應商，2021 年新能源車電池裝機量、儲能電池出貨量全球市占率達到 32.6％、24.5％，皆為全球第一。2022 年上半年營收人民幣 1129.7 億元（年增 156.3％）、淨利 81.7 億元（年增 82.2％）。

規模效應：公司產能保持高速擴張，2016 ～ 2021 年新能源車電池產能年複合增速 100.8％，2021 年底新能源車電池產能 170.4GWh、鋰電材料產能 28.4 萬噸。最大客戶 Tesla 占公司電池裝機量約 20％。

垂直整合：有鑑於近兩年上游鋰礦供不應求導致價格高漲，為確保公司電池生產無虞，公司積極布局上游鋰礦資源，從入股及買礦控制成本。例如，2018 年透過加拿大時代持有北美 43.59％ 的股權；2019 年透過全資子公司認購澳洲 Pilbara（主要從事鋰礦勘探開

發）約 1.83 億股普通股；2021 年取得澳洲鋰礦公司 Global Lithium Resources Limited 約 9.9％股權。

研發能力優秀：2017 ～ 2021 年研發費用從人民幣 16.3 億元成長到 76.9 億元，年複合增速 47.3％；研發人員從 3,400 人成長到 10,000 人。2022 年推出最新 CTP 3.0 技術，又稱為麒麟電池，採用新技術的磷酸鐵鋰電池能量密度 160Wh ／ kg，三元電池則可達 255Wh ／ kg。傳統電池主要由電池芯（Battery Cell）組成模組（Battery Module），再由模組組成電池包（Battery Pack），CTP 技術省去模組環節，直接由電池芯構成電池包，減輕電池包重量，實現能量密度提升。

財務指標：過去 5 年平均毛利率 30.4％，但隨著鋰價快速上漲，毛利率呈現下滑走勢，2021 年僅 26.3％，5 年平均淨利率 14.1％、ROE 15.3％、ROIC 11.4％。整體表現仍優於同業，顯示出公司規模效應顯著，單位成本較低提高抗周期能力。

股價走勢來看，過去 4 年（2018/6/30 ～ 2022/9/30）公司股價報酬率 30.6％，年均複合報酬率 6.9％，而同期滬深 300 指數報酬率 0.07％。公司股價自 2021 年 11 月後出現大跌，主要因行業前期快速上漲後估值過高，在 2022 年上半年回調。由於景氣下滑，對於新能源車銷量增速下修預期上升，可能進一步凸顯電池端供過於求的困境，股價經過 2 個月反彈又重回下跌走勢。

寧德時代月線走勢

開盤	419.28	市值	1.02兆	52 周高點	692.0
最高	420.20	本益比	47.74	52 周低點	353.00
最低	400.50	殖利率	0.16%		

資料來源： Google

6 原物料

　　可以簡單分為有色金屬、能源、化工 3 類，原物料下游應用大戶主要包含基礎建設、房地產、消費耐久財、民生消費品，具備顯著周期波動特色。有色金屬在景氣熱絡時期表現較好；能源在景氣下行時期提供高股息率保護；化工則跟隨油價及終端需求變化而波動。行業中，除了化工品之外，有色金屬及能源更適合自上而下策略，利用周期的波動性來增加投資組合收益或防守能力。

▪ 有色金屬

觀察指標

行業觀察指標	
景氣周期、供需格局、生產者物價指數	
公司觀察指標	
經營效率指標	最低成本供應商、提供附加價值
財務指標	有息負債率、現金／短期負債

行業特性

　　大致可分為兩類，一類是傳統的有色金屬，像銅、鋼、鋁、鎂等，這些礦產價格走勢與經濟景氣直接相關，受到基礎建設、房地產、家電、汽車、機械等行業景氣影響。另一類是新能源車相關金屬，如鈷、鋰，其價格走勢與行業景氣度直接相關。

　　有色金屬不適合長期持有，買進的時機在於判斷實物價格拐點，歷史價格波動區間是可以參考的指標之一。如果價格處於歷史區間低檔，而市場對於未來景氣榮景預期強烈，就形成較好的買進條件，一方面原物料價格夠低提供充足的安全邊際；一方面景氣熱絡確保需求端保持強勁，則原物料價格向上的空間、動力充足，買進後可以持有到原物料價格回到歷史中樞之上，並在價格上升到歷史偏高區間開始獲利了結。

　　空手投資人在礦物價格高檔時買進，一旦景氣出現轉差預期，投資虧損的機率就很高。因為礦物價格夠高，礦商會願意增加產能來賺取更多利潤；而景氣預期轉差則意味需求下降，意味市場將從供不應求轉為供過於求。

行業觀察指標

　　核心在於判斷原物料價格預期走勢，價格走勢反映供需缺口變化，而供給端主要受事件影響，需求端則受到景氣波動影響。

　　景氣周期：有色金屬業者在景氣上行、通膨高漲時期表現較好，一方面景氣上行驅動建築、耐久財消費，拉動有色金屬需求；一方面是價格上漲公司能產生低價庫存，因此利潤率較高，行業獲利彈性較大。但這類公司在景氣下行時表現較差，一方面因為需求減少導致供需缺口反轉，價格有下行壓力；一方面資產負債表往往較差，多數公

司帳上負債較高、財務負擔較重。因此景氣一旦轉差,股價往往伴隨原物料價格大跌。此外,在低通膨或通縮環境下,如 2009 年以來到 2021 年,有色金屬行業的利潤表現也較差。

供需格局:除了受到景氣變動影響,供需缺口也會受到事件影響,例如 2018 年中國推行原物料去產能,隨著落後產能大量關停,市場形成供給端減少預期,帶動原物料價格大漲;2022 年的烏俄戰爭,帶動歐洲天然氣價格高漲,影響電力供給;歐洲對於高耗能產業實施限產,導致電解鋁供給減少,價格上漲。

生產者物價指數(PPI):指數包括原料、半成品、成品的物價表現。由於最終產品會反映生產過程中原物料價格變動,對於原物料價格走勢有一定代表性。觀察指標核心在於年增率的變化,當 PPI 大幅脫離歷史區間加速上行的時候,通常代表原物料價格走勢強勁,通膨惡化。

公司觀察指標

無法建立有效的進入門檻,本質上挖到什麼賣什麼,一旦礦物價格高了,就會引來同業無序擴產,透過供給增加,讓價格重回完全競爭時的水準。

最低生產成本:由於行業公司對生產的產品大多無訂價權,成功企業只能透過規模效應來降低成本,成為開採成本最低的公司可以產生較高利潤率,並在景氣下行時增加抗風險能力。

提供附加價值:如果產品能提供下游客戶附加價值,例如生產特殊鋼鐵用於航空、軍工等專門領域,就可以透過較高的技術門檻,提供穩定、較高的利潤率。

財務指標：可以關注負債率及現金對短期負債比率。在景氣熱絡、產品價格上漲時，短暫的超額利潤將引來同業大量擴產或購併，產生較強的融資需求，進一步推高負債率；當景氣反轉時，獲利快速下滑加重財務負擔，對現金流及帳上現金無法覆蓋短期負債的公司，或者負債率太高的公司（70％以上）都要保持警惕。

公司案例

紫金礦業（601899 CH）是中國最大黃金、銅礦、鋅礦生產商。2021 年 10 月收購新鋰公司取得 3Q 鹽湖項目，該項目資源儲量大，碳酸鋰當量達 756.5 萬噸，平均鋰濃度 621mg ／ L，高於全球平均水準。由於開發條件好，公司預計 2025 年碳酸鋰年產能將達到 5 萬噸。

最低生產成本：公司擁有豐富資源儲備，銅礦資源 6,277 萬噸、金礦資源 2,373 噸、鋅礦資源 962 萬噸、碳酸鋰當量 763 萬噸。其中，銅礦儲藏量相當於中國整體 75％，公司產能近年大幅成長，金礦、鋅礦、碳酸鋰新產能陸續投產，規模效應帶動生產成本降低，並減少單一產品受下游景氣影響。

財務指標：公司近 5 年負債率處於 54％～ 59％區間，2021 年流動比率 0.94、利息保障倍數 15.7 倍，較弱的財務體質為行業特性，但整體表現優於同業。

股價走勢來看，過去 10 年（2012/9/30 ～ 2022/9/30）公司股價報酬率 169.7％，年均複合報酬率 10.4％，同期滬深 300 指數報酬率 72.6％。公司股價淨值比估值過去 10 年落於 1.7 ～ 3.8 倍，目前估值約 2.78 倍。公司股價自 2021 年 2 月之後一路區間震盪，並在 2022 年 6 月跌破整理區間後持續下跌，主要因景氣衰退導致有色金屬報價持續走低，由於高經營槓桿特性，意味利潤減少速度將快於營收，公司投資只能從自上而下，大多在景氣熱絡的環境中表現較好。

紫金礦業月線走勢

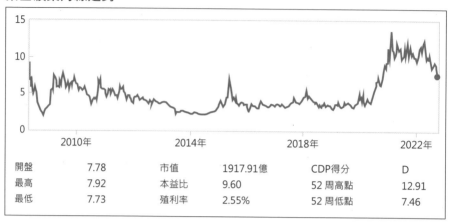

開盤	7.78	市值	1917.91億	CDP得分	D
最高	7.92	本益比	9.60	52 周高點	12.91
最低	7.73	殖利率	2.55%	52 周低點	7.46

資料來源：Google

▪ 能源業

觀察指標

行業觀察指標		
景氣及事件衝擊、OPEC 油價訴求、原油庫存變化、生產者物價指數		
公司觀察指標		
經營效率指標	新探明儲量／目前產量、開採成本	
財務指標	自由現金流量、低負債、股息率	

行業特性

　　主要產品包含原油及煤炭。原油下游消費中，來自民眾出行需求占比高，油價波動影響更多的是消費者荷包，而不是原油消費量。煤炭可分為動力煤及焦煤，動力煤用於火力發電，焦煤則用於煉鋼、水泥生產；由於電廠具備發電上限，加上終端用電撇除季節性因素，需求年增率變化不大，動力煤需求穩定，但焦煤下游的煉鋼及水泥行業則會受地產、基礎建設周期影響。

全球碳中和發展已經形成明確趨勢，在歐洲、美國、中國等政府主導之下，新能源正在替代部分傳統能源，原油供應商規劃新增產能時，需要考慮未來收益率下滑問題，這也導致 2022 年原油價格大幅上漲時期，美國頁岩油廠商大幅擴產的意願並不高，成為油價居高不下的原因。

行業進入門檻

原油產業鏈包含上游油氣探勘與生產、中游的管道運輸、下游的煉化及油氣銷售，投資人可以把焦點放在原油生產及下游煉化。

油氣探勘服務公司競爭激烈，在油價大幅上行時，受惠於原油業者開採活動增加，一旦油價拐頭向下，原油業者會毫不猶豫地減少相關支出，導致於該行業財務及業績風險都很高。運輸管道業者類似收取過路費，業績成長來自運輸量提升，與油價波動相關性低。由於行業需要專業經營牌照，而且單一區域油氣管道建設有限制，因此具備高進入門檻，但受限於單一管道運輸總量有上限，儘管業績穩定性高，但也難以超越預期。

原油業者具備良好的投資價值，一方面石油開採設備不需要經常更新，在經過長時間折舊之後，舊設備生產的原油成本會越來越低，例如中東地區國家，沙烏地阿拉伯、伊拉克每桶生產成本可能只有 5 ～ 6 美元，其他國家可能 10 ～ 20 美元。

在油價正常波動的區間內，這些國家原油開採都是賺錢的，尤其遇上烏俄戰爭進一步推升油價，2022 年每桶原油價格最高突破 130 美元，沙烏地阿拉伯國家石油公司 2022 年二季度淨利 484 億美元，較去年同期成長將近一倍，穩居全球最賺錢企業。連美國總統拜登也抱怨，石油巨頭賺的「比上帝還多」。

由於低廉的生產成本及資本開支，公司普遍能產生大量的自由現金流量，因此原油業者大多具備強勁的資產負債表及優秀的配息能力，股價在通膨上升及景氣下行期間表現較好。

原油經過煉化廠層層蒸餾分離後，可以得到汽油、柴油等燃料及各種石化原料，石化原料經過加工後，就成為日常生活中的各種應用，例如聚乙烯可以做成塑膠袋；二烯可以生產合成橡膠；環己烷可以生產尼龍 6 應用於網球拍、漁網等；苯類可以加工成為洗衣粉、清潔劑原料，苯胺為生產 MDI 原料。

化工產品對於投資人來說進入門檻較高，建議可以專注在某些細分領域。石化生產品與下游消費密不可分，主要關注成本與產品報價之間的利差走勢，在油價上漲初期，受惠於終端需求強勁，石化業者往往順勢漲價轉嫁成本，是油價上漲受惠者；但是當油價急漲的時候，石化終端產品快速漲價會抑制消費需求，在產品漲價不順暢之下，業者必須吸收更多成本上漲壓力，成為受害者。這類公司的進入門檻建立在規模經濟、技術改良帶來的低成本優勢，以及透過產品創新（產生新的化合物），拓展新的終端應用。

以萬華化學（600309 CH）為例，公司是全球 MDI（亞甲基二苯基二異氰酸酯）生產龍頭。MDI 又可分為聚合 MDI、純 MDI 兩類，前者具有良好的隔熱效果，透過生成聚氨酯硬泡可以用於冰箱、冷氣、建築相關，後者則用於鞋底、車輪、PU 跑道等。若地產銷售降溫，對於就會影響聚合 MDI 需求，了解下游應用如何影響產品需求，就能結合供給端變化，判斷利差走勢。

行業觀察指標

景氣及事件衝擊：原油需求具有較強消費屬性，包含出行需求及

石化終端，整體需求多數時候表現平穩，但在景氣大幅波動期間，需求會跟隨波動引發原油市場供需發生變化。事件衝擊方面，供給端的影響更常來自地緣政治變化，像是長期的中東問題、美伊核協議結果決定伊朗原油是否重回國際油市。需求端的衝擊較少，例如2020年新冠疫情初期，出行需求大幅減少導致庫存走高，進一步推動油價大幅下跌。

OPEC 油價訴求：石油輸出國組織（OPEC）13個會員國的石油產量占全球40％，石油出口量達全球石油貿易總量60％， OPEC 對於油價的立場也會影響供給變化，例如之前美國頁岩油大量開採，就引來 OPEC 快速提高產量來壓低油價，試圖讓美國頁岩油業者不堪虧損退出市場。

原油庫存變化：主要影響市場對於油價走勢預期，庫存持續下降通常會驅動油價上行，因為未來庫存回補等同於需求增加；同樣的，當庫存快速增加後，也會導致油價下跌預期。

公司觀察指標

新探明儲量／目前產量：探明儲量指地質勘探後得到的能源儲量。當上述比率高於100％時，代表公司未來潛在可供銷售資源扣除當年度開採量之後仍可維持正成長。此外，總探明儲量／目前產量則可以推算出當前儲量足以支應未來多長的開採時間。

低開採成本：可以觀察油價低點時公司獲利狀況，開採成本越低，越容易適應油價周期的大幅波動。例如 OPEC 幾年前透過大量生產壓低油價，就是憑藉比美國頁岩油業者更低的開採成本，可以在對手不堪虧損時仍保持獲利。

財務體質強勁：由於低廉的生產成本及保守的資本開支，行業普

遍能夠產生大量的自由現金流量，因此原油業者大多具備強勁的資產負債表（低負債）、優秀配息能力（高股息率），在通膨上升時期受惠於能源價格調漲，及景氣下行初期需求具有韌性，表現較好。

公司案例

雪弗龍是美國第二大、全球第九大石油與天然氣公司，業務橫跨全球 180 個以上國家及地區，主要包含石油及天然氣的探測、生產、提煉、銷售、運輸等。2022 上半年營收 1,222.4 億美元（年增 75.8%）、淨利 178.8 億美元（年增 301.1%）。

新探明儲量／目前產量：2021 年公司淨石油當量產量增加至每天 310 萬桶，探明儲量為 113 億桶石油當量（年增 13%），包括 61 億桶液體和 30.9 兆立方英尺天然氣，最大淨增加來自二疊紀盆地、墨西哥灣、澳洲。以當年度新探明儲量 13 億桶計算，新探明儲量／目前產量為 115%，如果以總探明儲量／目前產量來計算，則目前儲量可供公司開採 9.9 年，優於埃克森美孚的 8.4 年、殼牌石油的 7.4 年。

標準油氣當量：根據原油和天然氣熱值折算成油氣產量，一般以 1,255 立方米天然氣等同於 1 噸原油。

低開採成本：受惠於頁岩油開採技術突破，公司頁岩油開採成本低於 26 美元／桶，低於全球 35 美元／桶，在 2022 年高油價之下，獲利能力大幅提升。

垂直整合：下游業務包括汽油與石化產品的生產與銷售，2021 年公司全球煉油廠日產能 180 萬桶，實際產量 147.6 萬桶，產能利用率 82%。

財務指標：過去 5 年平均毛利率 29.1%、淨利率 4.3%、ROE 5.1%、ROIC 3.9%，整體優於同業。償債能力方面，5 年平均負債率

41％、流動比率 1.2，表現相當穩健。資本開支方面，預計 2027 年以前每年約 200 ～ 250 億美元，投資周期短、回報率高的項目，有望每年產生大量自由現金流量。受惠於保守的負債水準、強勁自由現金流量，公司連續 32 年增加配息，當前股息率接近 4％，並宣布每年股票回購金額，由原來 20 ～ 30 億美元上修到 30 ～ 50 億美元。

股價走勢來看，過去 10 年（2012/9/30 ～ 2022/9/30）公司股價報酬率 97.3％，年均複合報酬率 7.0％，而同期標普 500 指數報酬率 154.9％。公司股價淨值比估值過去 10 年大致落於 0.75 ～ 1.75 倍，受惠於油價上升，股價上漲帶動估值提升到 1.8 倍，已經位於 10 年區間高檔。未來股價風險在於油價下滑，估值可能同步出現收縮。

雪弗龍月線走勢

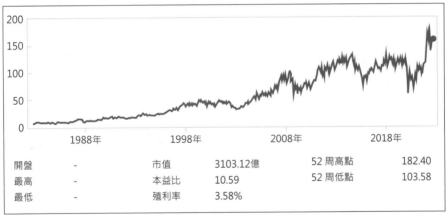

開盤	-	市值	3103.12億	52 周高點	182.40
最高	-	本益比	10.59	52 周低點	103.58
最低	-	殖利率	3.58%		

資料來源：Google

各行業觀察指標總覽

行業	行業觀察指標	公司觀察指標
金融		
銀行	信貸規模、利率環境、信用風險、流動性風險	ROE、ROA、效率比率、淨息差、低成本存款、壞帳率、撥備覆蓋率
保險	景氣周期、利率環境、股市表現	首年度保費、新業務價值、代理人團隊、穩健的管理團隊、ROE、ROA、資本適足率、存續期間匹配度
消費		
消費必需品	原物料價格、產品安全及訴訟風險、政府監管、降價壓力	悠久品牌、規模優勢、新產品開發、增加銷售據點、購併綜效、毛利率、淨利率、ROE、ROIC、自由現金流量、現金轉換周期
非必需消費品	景氣周期、消費者信心指數、產品庫存、原物料價格、競爭格局	品牌價值、規模效應、ROE、ROIC、庫存周轉天數、負債率
零售賣場	景氣波動、其他業態競爭	淨新開門市數、同店銷售增速、坪效、自有品牌產品、庫存周轉率、現金轉換周期、負債率
餐廳	事件影響、原材料價格	歷史悠久品牌、異地展店、翻桌率、成本控制、營業現金流／稅後淨利、自由現金流量
電子股		
消費性電子	新產品應用、景氣周期、存貨變化	品牌價值、供應鏈管理、轉換成本、存貨管理、流動比率、負債率、毛利率、淨利率
半導體	全球半導體設備出貨金額、存貨水準、新技術發展	技術領先、規模效應、客戶關係、產品良率、ROE、ROIC、毛利率、淨利率

軟體股	景氣周期、應收帳款	營收成長、經常性收入、淨收入留存率、遞延收入、應收帳款趨勢、淨利率、應收帳款
互聯網	零售消費數據	活躍用戶數、用戶留存率、用戶取得成本、GMV、貨幣化率、淨利率、ROE、自由現金流量
醫藥股		
製藥與器械	政策風險	研發能力、銷售能力、重磅產品、醫療訴訟、自由現金流量、毛利率、淨利率、ROE、ROIC
服務外包	新藥融資（上市）需求、政策監管	研發能力、訂單成長、產能擴充、毛利率、淨利率、ROE、ROIC
醫療連鎖	景氣周期、政策監管	品牌、新開醫院數量、單店營收成長率、激勵制度、毛利率、淨利率、ROE、ROIC、商譽
工業股		
工程機械	固定資產投資數據、開工小時數、更新周期	市占率、經銷網路、毛利率、淨利率、ROE、ROIC、自由現金流量、負債率
碳中和主題	風電、太陽能：政府招標、裝機數據、出口數據、行業庫存、政治風險 新能源車：消費者信心指數、整車銷量、補貼政策、電池排產	新技術路徑、垂直整合能力、規模效應、毛利率、淨利率、ROIC、應收帳款、負債率
原物料		
有色金屬	景氣周期、供需格局、生產者物價指數	最低成本供應商、提供附加價值、有息負債率、現金／短期負債
能源	景氣及事件衝擊、OPEC 油價訴求、庫存變化、生產者物價指數	新探明儲量／目前產量、開採成本、自由現金流量、低負債、股息率

資料來源：作者提供

第六章
投資風險

俗話說，「人在江湖飄，哪有不挨刀。」風險管理一直是投資中的大事，風險與機會往往是一體兩面，股價上漲過快就容易透支未來預期，股價調整的風險就會增加。反之，股價大幅下跌也可能是對於利空反映過度，未來股價上漲的空間就變大。

所有投資環境中，最大級別的風險和機會來自於數年一次的指數大行情，其次是產業，最後是個股。對於市場風險，我將焦點放在情緒面的波動，這常常是大級別波動重要的驅動原因。當然，行業及個股表現也會受到情緒面影響，觀念上一體適用。

多數人對已經顯而易見的風險感到淡然，越多人討論的風險，發生的機率、影響的幅度反而更低，例如 2014 年的歐債危機，還有動不動就面臨關門的美國政府；但對於陌生的風險卻顯得恐懼，尤其在媒體反覆報導後，更容易高估新風險帶來的傷害程度，例如 911 事件、新冠疫情。

❶市場風險：感受的風險與真實的風險

　　區分感受的風險與真實的風險需要第二層次思考，多數人會將感受到的風險認定是真實的風險，最好分辨的方式是回歸事件本質。

　　某家航空公司發生空難後（感受風險變大），消費者往往擔心飛機再出事，而產生機票退訂潮；但恰恰相反，事件發生之後，航空公司會全面停飛同型號飛機進行詳細檢查，此時搭飛機反而較以往更安全（真實風險變小）。事情的本質在於飛機失事的機率是獨立事件，前一架飛機的失事並不會影響後一架飛機的失事率。

2015 年的中國股市，在央行連續降息釋放流動性之後，市場開啟了瘋狂的上漲行情（感受風險變小），上證指數不到一年就翻了一倍，成交量急遽放大。即使市場估值已經遠遠甩開基本面（真實風險變大），仍然吸引蜂擁而至的投資人，最終泡沫破裂開啟股價大幅下殺。事情的本質在於即使考慮未來幾年的成長，基本面也已經無法支撐當下的高估值。在市場情緒波動的大周期面前，要能做到在砲火聲中前進，在煙花聲中賣出，是投資中不容易但很重要的事。

在股市中，感受到的風險一般來自股價波動，真實的風險是資產永久性損失的風險，投資人應該要勇於承受股價波動，減少資產永久性損失的發生。避開損失的風險不等於躺平，而是謹慎對待每一筆投資，分析外在因素的變化、講求估值的安全邊際，在勝率較高的時候進場，並承認自己無法確實知道市場底部，選擇逐步加碼而不是一次梭哈，為自己留後路。

回顧指數歷史幾次超過 30％的下跌修正，除了少數幾次事件的衝擊，例如 911 事件、新冠疫情以外，「泡沫＋」是最常出現的方式。例如 2008 年的次貸危機是泡沫＋房貸、2022 年下跌是泡沫＋緊縮，也有泡沫自己撐不住破裂的，例如 2000 年網路大崩盤。

為什麼泡沫總是每隔一段時間就會發生？為什麼投資人總是在大行情面前追高殺低？因為多數人並沒有區分感受風險與真實風險之間的差別，以所見即所想，感受的風險發生時，自然認為這就是真實的風險。

這是多數投資人面對市場的態度。在經濟數據表現很好、消費需求強勁的帶動下，各行業蓬勃發展，多數公司持續上修財測，這些外在環境讓投資人感到安心。伴隨股價的上漲，此時感受到的風險很低，

而投資人從市場頻繁交易中賺到錢，開始妄想一夜致富，即使滿倉還得加槓桿。這時候投資人本身賺著市場波動的錢，卻產生自身選股能力優秀的幻覺，認為真實的風險很低；當外在環境開始變差時，例如美國聯準會快速升息、通貨膨脹、地緣政治風險，這些消息讓市場看法出現分歧。一部分人感到擔憂而提前賣出股票，股價上漲動能乏力，伴隨獲利了結的人越來越多，股價高檔反覆震盪，此時感受的風險開始上升，但賺錢效應還在，多半被認為是牛市中途的回檔，真實的風險仍低。

但隨著股價反覆下跌，槓桿投資人的資產部位很快見到虧損，到後期逢買必虧，悲觀地認為指數不是正在下跌，就是在前往下跌的路上，感受到的風險快速上升。伴隨投資組合持續虧損，真實的風險也在迅速放大，但恐慌情緒的反饋加大了市場賣壓，大盤再度快速下殺。終於，投資人徹底投降，賣光持股、關掉帳戶，發誓再也不進入市場，這時候感受與真實的風險同時達到極致。這類投資人眼中，無論大漲還是大跌，感受風險與真實風險往往一起出現，高檔時克制不住貪念、低檔時戒不了恐慌，這就是高檔高倉位，低檔低倉位的由來，最初進場時抱著低買高賣的信心，最終卻成了追高殺低。

多數人面對市場的態度

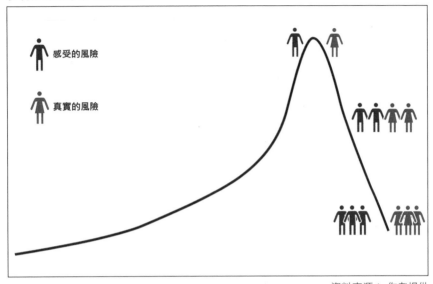

感受的風險

真實的風險

資料來源：作者提供

　　以下是第二層次思考的投資人面對市場的態度。儘管市場上漲時伴隨各種好消息，讓感受的風險很低，但隨著股價加速上漲，投資人開始警惕股價與基本面脫鉤的事實，當前的價格可能已經反映了 3 ～ 5 年後的預期成長，以致未來幾年的預期收益率很低。真實的風險或說虧錢的機率正在上升，投資人開始逢高減碼降低倉位，同時承認自己對於市場真正的高點一無所知，因此保留部分倉位留在市場。

　　當股價下跌初期，感受的風險正在上升，但市場的估值仍在歷史均值以上，此時，真實的風險仍然很高，投資人試圖再度降低倉位或靜觀其變。接著市場快速下跌，感受的風險大幅提升，而估值回落到歷史區間低位，反映了多數市場猜測的壞消息，公司開始回購股份、私募基金開始抄底便宜資產。這時候真實風險大幅降低，因為未來股

價上漲的預期空間已經夠高。投資人在高檔減倉的資金可以開始逢跌加碼,同樣的,基於對真實底部一無所知,投資人必須嚴守紀律、分批加碼。這類投資人屬於少數,願意在指數高檔時尊重規律、克制貪念,並在跌深時克服下跌的恐懼,分批買進攤低成本,達到持盈保泰。

第二層思考投資人面對市場的態度

資料來源:作者提供

市場下跌的時候,很重要的是,盡量不要讓股價的波動變成資本永久性損失的風險。很多人會在熊市的時候反覆割肉,就是因為熊市中的下跌太難受,反彈又太誘人,常常在急跌大虧的時候停損清倉,清倉後指數卻開啟大幅反彈。俗話說得好:一根紅 K 線改變情緒,兩根紅 K 線改變觀點,三根紅 K 線改變信仰。強勁的反彈會讓低檔清倉的做法看起來很愚蠢,既然下跌已經吃好吃滿,上漲怎麼能踏空?這就開啟了不停追高殺低,直到最終絕望,徹底退出市場,最後場內只

剩下堅毅的、躺平的、聰明的投資人，當多數人投降的時候，底部往往就不遠了。

決定倉位高低的時機在於估值。當市場估值例如股票市值／GDP、PE、PB 位於過去歷史區間中超過 80％分位時，投資人可以適時降低倉位，在估值回到歷史區間低於 30％分位時開始加碼，而在大多數估值波動區間，保持整體倉位不變。或者，當投資人已經明顯感受到市場好到不像是真的，或者跌到匪夷所思的地步，通常也對應著估值天平的兩個極端。投資人應該遵守紀律，最難受的時候，往往也是預期收益最高的時候。

投資的時候需要兩種個性，一種是對未來保持樂觀，相信再怎麼樣天也不會塌下來，這樣才能有在低點進場抄底的勇氣，很多人在市場跌到不可思議的時候，卻已經習慣悲觀，明明知道是機會，卻害怕再被套牢。另一種是要對未來保持謹慎，承認未來的事無法掌握，這樣才不會在市場歌舞歡騰的時候，選擇梭哈，甚至融資梭哈。

投資人要勇於承擔顯而易見的風險，當市場過於悲觀的時候，多數負面因素已經反映在股價上，當事情塵埃落定時，往往會出現高額回報，例如新冠疫情發生時，美股在短時間內大幅下挫，甚至跌到 2008 年次貸風暴附近位置。很顯然的，除非疫情會帶著經濟重回 2008 年當下，不然就是市場情緒過於恐慌，出現不理性、也是絕佳機會的低點。即使是這樣，我也不贊成梭哈，但這時候勇敢進場並增加部位是必要的。

有句話說得很好：怕高的都是苦命人，追高的都是短命人。股市向來是有錢人獲得更多經驗，有經驗的人獲得更多錢的地方。

❷行業風險：監管風險與趨勢改變風險

在一堆珠寶中挑金子，比在一堆垃圾中容易得多；同樣的，在朝陽行業中選擇好公司，也會比夕陽行業中容易得多。儘管有些個股能夠超越行業框架，長期成為參天大樹，但從好的行業挑選公司，是比較省力的方式。前面章節已經介紹過什麼是好行業，這一章節著重在哪些行業風險是投資人應該注意的。

・政府不遺餘力補貼的行業

娃娃兵只有身經百戰，才能成為一代雄師。好公司大多是從市場中競爭出來的，而不是政府補貼來的。政府的補貼會降低進入門檻，自然容易吸引各路諸侯，當中不乏跨界競爭的公司，在行業經過高成長階段後，往往後面緊接著就是慘烈的價格戰。

此外，政府的補貼標準就放在那裡，很多公司是衝著補貼去的，只要在補貼後能賺到錢就行。因此很多公司會努力產生大量符合最低補貼標準的產品，而不是思考如何把產品做到最好，這也是為何政府補貼的行業，創新能力都不足。在講求創新突破的行業中，例如網路巨頭亞馬遜、微軟、Google、Meta 等，沒有一家是靠政府補貼起來的，在競爭中建立的護城河才強大。

・夕陽西下的行業

當投資的行業不在經濟未來發展道路上時，行業發展空間往往受限。而一個國家的經濟發展，通常會經歷基建地產、製造業發展、消費升級等階段。地產基建時代表現很好的原物料、工程機械、地產開發商、基建承包商，通常在經濟體走到消費拉動的時候，已經沒什麼事情可以做了。其次，是經濟屬性不突出的行業，有些行業進入門檻低，有些行業成長空間有限，例如紡織、環保、百貨公司、養殖等。

▪ 政府監管加強的行業

　　這是屬於殺邏輯的風險，如果政府監管會對行業發展及競爭優勢造成永久性的破壞，則行業不能越跌越買，例如中國這幾年一連串的政策，2021 年頒發《關於進一步減輕義務教育階段學生作業負擔和校外培訓負擔的意見》，政策要求所有小學到高中（K12 教育）學科類校外培訓機構，必須在年內結束營業，直接衝擊了新東方、好未來等過去外資眼中的大牛股。再比如 2018 年起的醫藥帶量採購政策，針對通過仿製藥一致性評價的產品，實施集中採購，得標者得到大多數市場份額，代價是足夠低的價格。因此，得標藥品降價幅度在 70%～90%，宣告過去仿製藥高利潤率時代一去不復返，也意味行業競爭優勢出現結構性改變。

　　有一種看似行業風險，卻是投資人的朋友。當行業受到特定事件影響導致股價重挫時，投資人第一時間應該反問，該事件影響的時間有多久？幅度有多大？是否造成商業模式改變？如果影響的時間短、幅度有限、不構成商業模式改變，則股價重挫往往是很好的買入機會。

　　例如 2001 年發生的 911 事件，美國股市在該事件後暫停交易 4 天，9／17 市場恢復交易後，美國航空公司指數當日下跌 19.25%，收 650.03 點，並在後續幾天繼續下挫，從事情發生前一天 9／10 收盤的 804.97 點，到事件後指數最低收盤出現在 9／21 的 566.35 點，波段跌幅達到 29.6%；但該指數隨後出現強勁反彈，於 11／19 上漲至 930.66 點，已經高於事件發生之前。其原因在於，事件後美國政府迅速定調為恐怖攻擊，第一時間內加強各機場安檢措施，並在短時間內恢復航空交通秩序，並未對行業獲利能力及商業模式造成長期結構性的影響，行業在利空落地後出現了強勁走勢。

❸ 個股風險：成長陷阱與價值陷阱

在股市中，估值是一個參考指標，高估值不代表公司不值得投資，也不是所有低估值公司都值得投資。避免「成長陷阱」的關鍵在於，高成長必須建立在高門檻的基礎上，以防止惡性競爭；避免「價值陷阱」的關鍵在於，遠離基本面長期惡化的公司，以防止價值殞落。買入並長期持有估值便宜好公司是更好的方式，除非估值回到偏高位置、基本面改變、找到更好的公司，才需要考慮賣出時機。

面對突發事件、經營環境變化導致股價大幅下跌時，如果只是影響股價（情緒面），則下跌往往提供很好的買進機會；如果長期影響獲利能力（基本面），則下跌後的反彈就是很好的賣出機會。一般來說，市場對於新風險往往反應較大，對於顯而易見的風險卻顯得淡定。與其關注事件後股價的反應，投資人應該多關注行業的競爭格局、公司的競爭優勢是否受到影響。

▪ 成長陷阱

這是投資高估值公司最大的風險。成長股之所以高估值，是因為市場對於公司未來高成長的期望，一旦公司財報優於市場預期，市場就會上修未來獲利成長預期，估值也會進一步擴張，這是股價加速上漲的主要動能。很現實的，這類公司市場期待太高、預期太滿，只有不斷超預期的公司能夠獲得大獎；一旦業績不如預期，或是成長邏輯出現瑕疵，往往也會以暴跌收場，反映出典型的成長陷阱，即無法持續高成長。

常見的成長陷阱

新技術出現：

新技術的出現會對現有競爭格局發生改變，後進者可能在短時間內就取代目前龍頭地位；即使舊技術龍頭同時開發出新技術，但如果既有設備不能共用，就意味要重新建置產線，過去辛苦累積的規模效應瞬間就會化為烏有，在新競爭對手面前沒有太多優勢。技術路徑爭奪結果最終往往贏家通吃，但何者能勝出，當下多半無法確定。

例如之前提到的太陽能技術路徑，鈍化射極與背面太陽電池（Passivated Emitter and Rear Cells ,PERC）轉化為隧穿氧化層鈍化接觸太陽能電池（Tunnel Oxide Passivated Contact solar cell ,TOPCon）路線，只需要更換少部分設備，現有龍頭還能夠維持優勢；但異質結電池（Heterojunction Technology ,HJT）提供比 TOPCon 更高的轉化效率，一旦降本技術出現效果，可能成為新的主流技術，這就需要更換整條產線設備了。目前已經有競爭對手跳過 TOPCon，直接建設 HJT 產線，對於 PERC 技術龍頭來說，未來可能面臨之前的投入全打水漂。這是技術路徑持續推陳出新的成長股，無法逃脫的宿命。

大客戶琵琶別抱：

很多公司依靠提供零組件或產品組裝服務來取得高成長，如果順利打入大品牌供應鏈中，就能夠受惠客戶新產品發表，帶動業績大幅成長；但如果出現更有競爭力的供應商，客戶可能會選擇新供應商，或讓供應鏈彼此價格競爭。無論何者情況，這種公司業績持續性都值得懷疑。

以蘋果供應鏈來說，客戶琵琶別抱的例子，如 2021 年歐菲光被踢出供應鏈後，股價以慘跌收場；增加供應鏈競爭的例子，如 2022

年聞泰科技新進入組裝產線，意味包含立訊精密在內的現有組裝廠，未來競爭可能更加激烈。這些公司的成長必須看人臉色，除非公司的零部件在行業中達到壟斷地位，或具備較高的轉換成本，面對品牌客戶就會有較好的訂價權，如 Nvdia。

止不住的購併：

靠購併快速成長的公司風險很高，這類萬花筒式的公司往往只讓業務規模變得更大、更複雜，為較高的商譽減值及財務風險埋下伏筆，未來某一時間點，業績可能大幅下滑。但如果購併是基於本業發展考量，可以形成產品綜效或通路綜效，良性的購併能讓業績更上層樓。對於經常購併的公司，投資人只需要問問自己，能不能在 20 秒內說清楚公司是幹什麼的，如果說不明白，那通常是公司的問題，不是投資人的問題。

擴張速度太快：

這類公司大多想藉由資本市場的力量，在短時間內擴大市占率，但擴張的速度卻又遠遠超出自身能負擔的能力，導致成長最終無以為繼。例如前面章節提到的海底撈，在上市後過於激進的展店計畫，導致產品、服務等營運管理無法跟上，消費者的投訴更損及公司形象。後期公司翻桌率、經營虧損都隨著擴張加速惡化，迫使管理層放慢腳步，調整經營節奏。能夠進行反思調整的公司，也是投資人的福音。

財務技巧風險：

成長股公司依靠超乎預期的財務指引以及業績驅動股價成長，但再厲害的公司，也不會永遠保持不斷超預期的高成長。為了達到業績目標，很多公司會在允許的範圍內，想辦法提高獲利水準，常見的方式如縮減廣告費用支出、延緩軟體系統更新、減緩人員招聘、更改折

舊方法、在準備金上動手腳;但如果公司營運進入瓶頸,利用這些方
式增加盈餘的方法並不能持久。

估值過高,透支未來預期:

市場對於某家公司一致性預期很高的時候,往往會引來機構及散
戶爭相買入,賺錢效應又會再吸引新的買盤進入,形成良性循環;又
或者,當市場下跌的時候,少數高景氣的行業順勢成為市場的避風港,
進一步推升股價表現。這兩者背後,都代表估值可能持續擴張,甚至
到了匪夷所思的地步,但往往也因為預期太高,導致後期業績低於預
期的可能性越高,一旦高成長預期不能實現,估值和獲利的調整就顯
得非常巨大。投資人需要留意市場上過熱的族群,尤其是大家都說好、
股價一直噴、資金很擁擠的族群,這種股票買在起漲的時候很安全,
但如果已經大漲一段,風險就很高了。

▪ 價值陷阱

這是投資低估值公司最大的風險。價值股之所以低估值,是因為
市場對於公司未來表現存在疑慮,如果公司在短期營運低谷後重新恢
復成長,則這一類公司是投資人的朋友,相當於迎來獲利及估值雙重
擴張。如果公司經營能力每況愈下,現在的低估值,可能在幾次獲利
衰退後,估值又被動提升,當初看起來便宜的股票,到頭來卻越來越
貴,股價往往會再度下跌,使估值回到合理階段,不能越跌越買。這
反映出典型的價值陷阱,即持續流失的價值。

常見的價值陷阱

商業模式發生改變:

比方說中國對於校外培訓、互聯網、醫藥行業政策的改變,造成

行業獲利能力出現結構性變化，甚至改變商業模式，公司為了應對新的政策環境，營運可能會經過陣痛期，再重回成長階段；也可能發生永久性變化，獲利能力無法回到過去。投資人對於造成商業模式變化的外在影響要特別留意，如果股價下跌的原因是殺邏輯，那意味未來行業的獲利能力只會每況愈下，再便宜也不能買。

獨占或寡占行業裡的小蝦米：

獨占或寡占代表行業競爭格局已經穩定，龍頭公司大者恆大，後進者沒有機會顛覆競爭格局，例如，2010 年以前的騰訊仍偏向產品思維，當時互聯網業界常說一句話：「騰訊所到之處，寸草不生。」因為騰訊擁有即時通訊的流量優勢，不必冒險開發新應用，可以等到新應用發展初具規模後，以後進者之姿推出類似的產品，再為新產品導流量，短期內就迅速成為該應用龍頭。所以此行業的小蝦米根本沒有機會，即使市值再小、前景再好，也可能因為龍頭切入而被殲滅，不能越跌越買。

夕陽行業：

價值陷阱在於行業不再成長，如果還具備重資產屬性，那產能退出的代價太高，以致在景氣不好的時候常常發生價格競爭，例如基礎建設、有色金屬、鐵路運輸等，這種公司越便宜，越不便宜。

周期股：

低估值是價值股的共同特徵，由於周期股的高利潤彈性，業績最好的時候，往往也是估值最低的時候；但既然是周期股，表示所屬的行業獲利表現周而復始的波動很明顯，低估值買入往往對應周期最高點，被套牢的機率很高。

這種例子不勝枚舉，如 2021 年台灣的航運股，當公司不停釋放運價上漲的消息及預期，凸顯出本益比估值很便宜，但後期利多不漲就該有所警惕，因為股價往往拐頭向下大跌一段，運價的拐點才會出現。例如以星航運（ZIM US），2022 年股價 60 美元時對應本益比不到 2 倍，夠便宜了吧；10 月初股價只剩下 25 美元，本益比不到 0.5 倍。此時運價已經拐頭向下，意味未來利潤可能大幅縮水，如果 2023 年淨利只剩今年十分之一，25 美元可能在 2023 年就對應 5 倍的估值了。

買賣周期股必須配合自上而下的景氣分析。我習慣用股價淨值比估值來看周期股表現，與本益比不同，公司的淨值相對於獲利波動較小，股價淨值比如果位於歷史區間高檔、本益比在歷史區間低檔，可以開始逐步獲利了結。

具備反身性（Reflexivity）：

索羅斯提出反身性理論的應用，當一個系統內 X 跟 Y 存在因果關係，且會相互影響，就具備反身性。例如 2021 年韓裔避險基金經理 Bill Hwang 旗下的 Archegos Capital 保證金違約事件。

這個家族辦公室在 2013 ～ 2021 年間，透過保證金交易提高槓桿率到 5 倍，資產從 2 億美元暴漲到 200 億美元。2021 年公司 8 檔重倉股票之一的 Viacom CBS，因為高檔融資股價在一周內暴跌 52％，巨幅下跌導致公司面臨保證金追繳，被迫賣出其他 7 檔帳上持股來補充保證金。而賣出的動作又導致這些股票價格下跌，同樣面臨保證金追繳。

最終 Archegos Capital 無力增加保證金，而提供財務槓桿的華爾街投資銀行，手上都有對應的股票做為抵押，為了回收資金，這些投資銀行開始瘋狂拋售相關股票，導致這 8 檔股票短時間出現崩盤。

Archegos Capital 的 200 億美元資產 2 天內灰飛煙滅，與之往來的投資銀行平均損失也都有數十億美元。

在這個案例中，公司所持有的 8 檔股票就具備了反身性，股價的下跌會迫使公司出脫股票增加保證金；而出脫股票又會進一步增加市場賣壓，股價再度下跌又觸發了新的保證金追繳。這些公司就不適合在相關投資銀行完全出脫持股前越跌越買。

４ 數字魔術師：辨識公司財務安全的案例

當企業面臨業績目標壓力的時候，可能會透過一些方法來美化財務報表，以致財報並不能反映真實的經營情況。以下列舉幾種常見的財務技術，另外也提出幾種常見的財務造假特徵。

很重要的一點是，儘管造假的公司大都具備至少其中一種特徵，但有這些特徵的公司只能說有造假嫌疑，不能完全認定就是造假。當公司出現財務瑕疵的時候，除非有明確的證據或理由相信公司是清白的，多數時候，我寧願選擇避開。

常見的合法財務技術包含：

▪ 費用資本化：

按照定義，費用資本化項目必須能帶來一年以上的經濟利益，例如廠房設備，會計處理上會先登錄在資產項目，再逐年攤銷；不符合資本化條件應以費用形式計入當期損益，例如辦公文具。多數涉及主觀認定的項目，保守會計方式會全部認列當期費用；但有些公司會以費用資本化來減少當期財報費用，進而提升獲利數字，這當中最常見的是研發費用與行銷費用，其他的還包含軟體開發、維修成本、客戶取得成本等。

例如研發費用，海康威視是中國安防監控設備龍頭，2021年研發支出人民幣 82.5 億元，全部認列為當期費用，財報質量較高。科大訊飛是中國 AI 應用公司，過去幾年研發費用資本化比率落在 40％～50％，2021 年資本化率仍高達 38.5％，如果以當年度營業利益人民幣 14.6 億元，扣除研發費用資本化 11.3 億元，以及政府補貼的 8.2 億元，則相當於本業虧損 4.9 億元。

按理說，研發費用資本化率越高，代表公司研發能力越優秀，研發項目商業化價值越高；但一家年營收高達人民幣 183 億元的 AI 技術領先公司，本業卻處於虧損，需要依靠政府補貼及研發費用資本化來維持獲利，只看利潤表現買入的投資人就必須三思。

科大訊飛近年研發費用資本化

公司研发投入情况

项目	2021年	2020年	变动比例
研发投入金额（元）	2,935,836,674.77	2,416,243,833.83	21.50%
研发投入占营业收入比例	16.03%	18.55%	-2.52%
研发投入资本化的金额（元）	1,129,996,985.31	1,032,742,430.63	9.42%
资本化研发投入占研发投入的比例	38.49%	42.74%	-4.25%

資料來源：科大訊飛財報

▪ 彈性的營運費用

這是大多數公司最常使用的方式，當管理層為了達成特定的獲利目標，會利用費用預算的彈性來提升利潤，例如行銷費用、系統更新、縮減人事等變動成本。透過縮減費用可以提升短期利潤，但也會影響長期競爭力，投資人可以觀察相關費用與營收間的變化是否合理，例如行銷費用多半與公司營收成長成正比，如果公司營收成長，行銷費用反而連續下降，就需要從財報上找出原因。

▪ 改變折舊方式

變更折舊或延長資產使用期限是最常見的方式，直接影響當年提列的折舊費用，投資人如果沒有使用 Bloomberg 等金融軟體，也可以從財務報表中的備註欄位找到。一般來說，設備折舊年限約 5 ～ 10 年，廠房約 30 年。

▪ 計提資產減值

常見於業績下滑時期，上市公司透過商譽減值、應收壞帳減值、生物資產減值等方式，讓當期不好的業績顯得更差，這樣來年獲利就更容易高成長，相當於操縱市場對於公司業績的預期。以商譽減值為例子，公司需要對商譽定期測試，如果帳上資產價值高於自由現金流量折現值，表示當初購併時買貴了，就要針對新舊價值的差額計提商譽減值，減值的金額會進入損益表，成為利潤減項，但購併的公司價值多少存在主觀判斷，因此存在操縱空間。

舉例來說，A 公司購併 B 公司的成本 10 億，而 B 公司帳面價值 7 億，於是 A 公司財報上產生 3 億的商譽。當景氣不好的時候，A 公司可以主張 B 公司無法完成業績承諾，進而重新評估公司價值，假定新認定 B 公司價值只有 9 億，就要認列 1 億的商譽減值，相當於當期利潤多減少 1 億，這樣一來，明年業績成長的基期更低，業績高成長就很容易。此外，如果商譽設定為 10 年攤銷，則當商譽由 2 億變成 1 億時，相當攤銷費用就會從 2,000 萬變成 1,000 萬，也會讓未來利潤比原來更高。

因此，在獲利較差的年份，透過大幅計提商譽減值，一方面把當期業績做低，來年的業績成長幅度就更大，一方面可以減少往後的折舊或攤銷費用，行業中叫做「洗大澡」或「輕裝上陣」。例如，2018

年中國因為金融去槓桿導致全年經濟表現較差，很多中小型公司當年度業績慘澹，就趁著公布年度業績時，同步進行大額商譽減值計提。

- **準備金帳戶**

準備金為資產負債表科目，主要針對特殊用途提撥部分利潤，以應付未來不確定情況，例如銀行會針對壞帳計提撥備覆蓋，以應付未來可能發生的壞帳損失。其他常見的還包含應收帳款壞帳準備、存貨報廢、產品保固、訴訟賠償等項目，提撥多少準備金涉及主觀判斷，公司可以透過準備金的回沖，來掩蓋較差年份的獲利表現。投資人可以觀察提撥費用與備抵呆帳之間的差異，如果提撥費用很穩定，但備抵呆帳金額大幅波動，就存在操縱利潤的嫌疑。

- **財務造假高風險指標**

存貸雙高

這是一個相當奇葩的組合，按理說，貸款利率通常遠高於存款利率，如果公司帳上窮到只剩下錢，為什麼不優先償還貸款？在判斷是否存在存貸雙高的時候，需要看存款率（存款／資產）與有息貸款率（有息貸款／資產），如果兩者比率都在20％以上，那就要細究原因。

這類財務造假的公司，通常都是透過虛增貨幣資產（存款是假的），或是大股東占用資金（存款是真的），導致存款數字只能拿來看，不能拿來用。

第一種情況下，虛增貨幣資產肯定就是財務造假了，當損益表虛增利潤，就需要對應增加資產，最常見的是增加應收帳款，這種方式相對容易；另一種就是虛增貨幣資產，例如發布財報之前藉由過橋方式轉入資金，通過外部審計後，再將資金轉回去。比較常見的判別方式，如果公司存款利率大幅低於行業，就可能代表虛增貨幣資產。

> **過橋貸款：**
> 指企業向第三方借款，用來償還銀行貸款，等新的貸款下來後，再將貸款還給第三方

第二種情況下，財報上的存款是真的，但因大股東占用或為其提供質押擔保，該存款無法挪作其他用途，公司只能透過外部貸款取得新資金。例如 2019 年中國的康得新事件，公司帳上有 122 億現金存款，兩檔合計 15 億的短期債券「18 康得新 SCP001」、「18 康得新 SCP002」卻接連出現違約，經調查指出，公司連續 4 年財務造假共虛增 119 億利潤，並存在大股東挪用資金，最終被處以下市懲罰。

存貸雙高的公司也有例外，第一個是集團化公司，集團旗下子公司經營能力各不相同，有些公司經營現金流較好，擁有較多貨幣存款，有些公司經營能力較差，需要貸款來支持營運，最終在集團財報上就容易出現高存高貸特徵，也反映內部資金使用效率較低。透過成立集團財務公司，以內部融資的方式降低融資成本，就可以解決存貸雙高的問題。第二種是快速擴張導致龐大的資金需求，除了透過股權融資取得大量現金，也會透過債務融資取得資金，同時負債率也會增加。第三類是公司融資能力較強，或兩地的存貸利率間存在套利。

存貸雙高儘管有些例外，但向來都是問題公司的重要特徵，與其花時間細究，選擇下一家公司會更好。

與實際申報差異大

公司財報上的會計項目（營收、淨利、稅額）金額與申報給政府部門金額差距過大，就可能存在財務造假。例如渾水在 2010 年做空

東方紙業，指公司 2008 年財報收入 6,520 萬美元，對比中國公司工商資料顯示收入為 240 萬美元；當年度財報稅額 290 萬美元，但實際只有 4.5 萬美元。

難以置信的好表現

鶴立雞群的是鶴，不是雞。除非有足夠的說服力，不然好到不像是真的，通常就不會是真的。渾水公司 2011 年做空中國高速頻道，該公司主要透過計程車、巴士等車隊加裝車載視頻媒體，提供車載廣告服務。被做空的理由之一包含毛利率遠高於分眾傳媒（行業龍頭），該公司人均年銷售收入達到 1,300 萬元，行業平均只有 30 ～ 40 萬元。同時，宣稱廣告屏幕利用率（實際銷售廣告時間／可銷售廣告時間）達到 100％，而同業只有 20％～ 30％，公司在做空報告發布後，最終以下市收場。

過度依賴關聯方交易

關聯方交易指公司與子公司或其他控制實體之間存在業務關係，有些公司會向子公司購買大量設備或取得服務，這當中的交易對價是否合理存在主觀判斷，也存在轉移收入及利潤的嫌疑。投資這類公司，需要分析關聯方提供的設備或服務是否大幅偏離市場行情，以及採購程序是否有瑕疵。

頻繁更替審計

上市公司財報主要由內部財務部門製作，再交由外部會計師事務所進行審計工作，審計師在查核過程中需保持獨立性，結束後在財報上簽發相關意見。但審計費用由上市公司支付，彼此之間存在利益關係。因此，即使財報存在問題，還是找得到願意簽發財報的審計師。

首先，對於有不良紀錄事務所簽發的財報應該保持警惕，例如瑞幸咖啡、Wirecard、Wework 三家財報造假的公司，簽發的事務所都指向同一家。其次，如果審計費用顯著低於市場行情，也可能與公司存在利益交換。第三，數度更換事務所、審計師拒簽財報、公司財務長離職動機可疑，投資人也必須小心。

常見操作財務報表技巧

操縱報表	財務技巧	說明
損益表	費用資本化	減少費用認列，提升當期盈餘
損益表	彈性運營費用	減少廣告費用、人員招聘，延後軟體更新的變動費用，增加當期盈餘
資產負債表	改變折舊方式	改變折舊方式、拉長設備使用年限，減少當期折舊金額
資產負債表	計提資產減值	1. 不好的年份多計提減值，為來年創造低基期 2. 計提減值後，減少之後攤銷費用
資產負債表	準備金帳戶	應收壞帳、產品品質保證、存貨報廢、訴訟賠償等預先提撥，具有主觀意識
資產負債表	存貨雙高	虛增貨幣資產、大股東占用資金
損益表	虛增收入	虛增應收帳款、虛增貨幣資產、虛增存貨等方式造假
損益表	與實際申報差異大	財報上的營收、淨利、稅務等數據與公司申報差異過大
損益表	難以置信的好表現	遠高於行業的利潤率需要細究
損益表	過度依賴關聯交易	透過與關聯交易，虛增營收及利潤
	頻繁更替審計	可能存在利益輸送

資料來源：作者提供

第七章
投資心理學

股市中賺錢的方法很多，但長期能賺到錢的人不多，因為市場發展到極端的時候，往往是反人性的。在人類漫長的演化過程中，很多習性早已經根深柢固，這些潛意識讓我們適應多變的環境，遇到危險時能夠毫不猶豫行動；但在股市中卻很危險，當所有人往同一個方向移動時，最終結果就是把好事變壞事。

以下列舉幾個常見的心理謬誤，如定錨效應、忌妒心理、排斥反駁性證據、過度自信、這次不一樣、展望理論、群眾效應等。投資的過程中如果能即時發現情緒偏差，就能隨時修正避免災難性風險。克服情緒弱點的方式，首先在於習慣第二層次思考以及換位思考，從多方角度審視自己的觀點，避免管中窺豹。其次，在於記錄並總結過去經驗，利用投資檢查表避免重複犯錯。以及最重要的，系統性嚴格執行投資紀律。

❶ 投資是一種修行

　　行為財務學是近十多年興起的投資顯學，面對詭譎多變的市場，投資人往往根據直覺做出反應，以致劃錯重點。例如，投資人買入股票時都有充分的理由，但持有過程當中又容易受到股價影響，股價走勢不僅影響心情，甚至會改變當初看法，一買即漲就覺得當初買進是對的，但過沒多久又跌回原點時，就開始後悔沒有提前在高點賣出，導致賣出通常是股價走勢不如預期，而不是基本面改變。因此，對於人性有察覺的投資人，越能在投資過程中發現缺失，並即時修正。

　　投資也是對抗人性的過程，對於財富沒有熱愛的人不適合做股票，這種人沒有足夠的動機去尋找好標的；但對於財富過分熱愛的人也不適合做股票，這種人往往在高點捨不得走，總是想再多賺一點，

如果因為提早下車而少賺就會感到難受，手風順的時候就滿倉加槓桿，以致逆風的時候，迴旋的餘地很少。但投資比的是誰留在場上時間最久，而不是誰在最短的時間內賺到最多錢。

▪ 人類演化與行為財務學

人類演化過程中，形成很多行為特徵，這些特徵幫助我們適應惡劣的生存環境，並且一代一代地保留下來。但是在變幻莫測的金融市場中，這些行為特徵卻成為放大市場波動的主要來源，投資人周而復始、不斷表現相同的行為模式，並為此付出慘痛的代價。

這些特徵包含：

社會認同（social identity）

人類長期演化過程中，很早就形成社會化組織，當一群人聚在一起，就能大幅提高生存機率，這解釋了當今我們仍然習慣往人多的地方走，人煙稀少的地方會缺乏安全感。因此，在判斷事情對錯時，有時候是依據多數人的反應，而不是事情的本質。舉例來說，在不熟悉的地方用餐，我們會選擇網路上最多人推薦的餐廳，或者門口排隊最長的店家，儘管這些店家大多不是在地人推薦的餐廳，就算吃完沒有覺得特別突出，也會產生很好吃的感覺。

除了投顧老師，群眾也能夠帶你上天堂，讓你住套房。群眾效應又稱為旅鼠效應，早期人類發現旅鼠有集體跳海自殺的行為，儘管後來科學證實為旅鼠導航失靈，但仍代表團體中盲目跟隨的行為。尋求社會認同會讓投資人買進大家都有的股票，例如台積電、Nvida 等，這種股票買進之後能夠產生安定感，即使後續表現不如預期，也比較不會感到痛苦。

投資人最無法忍受的事情之一，就是自己買進的股票不漲，卻眼睜睜看著大家都買的股票一直漲，這會讓自己覺得智商被羞辱。也是為什麼，就算知道某檔熱門股票的風險很高，但看著股價不停往上漲，最終還是選擇放棄理智，跟風買進。因此對於市場越一致的觀點，越要保持謹慎，當所有人一致看多、最不可能買進的人都進場時，往往也是最危險的時候。

社會認同不局限於個體投資人，也常出現在機構投資者，例如投信基金的績效檢討都是逐月進行，為了追求短期績效，短時間內漲勢最兇悍的股票，經常是各家基金買進的標的。很多時候，股價最終反轉下跌不是基本面的問題，而是單純資金籌碼太擁擠、估值太高。當部分基金為了保持帳上利潤，同時拉開與對手差距，就會甩賣大家都有的持股，股價下跌再引發另一波賣壓，進而發生踩踏風險，讓股價出現暴跌，近期的例子，就是 2022 年 8 月底、9 月中旬中國兩次太陽能股的閃崩。

因此培養獨立思考的習慣很重要，尤其當市場漠視估值與價值之間的合理性，當市場刻意忽略潛在重大風險的時候，這些因素會讓理性的投資人看起來像個笨蛋，而願意承受並堅持需要很大的勇氣。在牛市後期沒有跟風押注，最多就是沒賺到錢，但在崩盤時滿手股票的結果就是損失慘重。

想想巴菲特的名言：別人貪婪的時候要恐懼，別人恐懼的時候要貪婪。

逃避風險

人類演化過程中，對於危險、不確定的環境會感到恐懼，例如站在高處、身處黑暗、在深不見底的水中、野外聽到野獸叫聲等。人類

對這些環境會自然地產生危機感，並且本能地避開，在生活中大多數時候，這麼做都是對的。

但在投資中卻會產生截然不同的結果，當市場大幅下跌的時候，投資人感受到強烈的風險，在逃避風險的本能下，最終演變為慌不擇路的賣出。即使估值已經低到不可思議，即使市場慘到不像是真的，仍然毫無理由地認為沒有最低、只有更低。以致在市場谷底的時候，投資人大多空手觀望，然後眼睜睜看著股價快速彈升而措手不及。

最近期的例子，就是 2020 年爆發的新冠疫情，面對從沒見過的病毒，隨著總死亡人數的攀升、媒體大篇幅報導，很快就演變為市場恐慌，美股在當年 2 ～ 3 月的最大跌幅，堪比 2008 年的金融海嘯。下跌前滿倉的投資人，在急跌的恐慌中不斷砍倉，並在後續股價快速回彈的過程中，眼睜睜看著股價回到起跌點，然後再創新高。

以偏概全

人類習慣於根據片面訊息，去拼湊事情的全貌。例如祖先會追蹤獵物的足跡，判斷是什麼動物、跑向何處；聞到燒焦味道看到煙霧，就馬上聯想到火災並做出反應。這種經驗的累積與總結，可以將複雜的問題簡單化，並在短時間內做出反應。如果接收到的每個刺激，都需要大腦思考再做決定，很容易就腦殘了。一般來說，印象越深刻、越容易歸納總結的事情，越容易形成直覺，並影響最終決定。

在投資中，很多人會對股價的變化、新聞的標題過度反應。例如某檔股票的價格盤中突然下殺到跌停的時候，如果又鄰近財報公布期，投資人就會開始懷疑是不是低於預期的業績消息提前走漏，或者看到股價連續下跌一段時間，會假設有尚未公布的利空，先賣了再說。

▪ 投資的過程也是對抗人性的過程

　　真正投資的過程往往很無聊，投資人找到價格被低估的好公司，買入並等待股價超越公司合理市值，然後賣出。很多人手風順的時候，巴不得交易所像便利商店一樣全年無休，對於能夠每天交易這件事情感到興奮，沒有開盤的日子就會特別空虛。這樣的投資人大多是在賭博，而不是在投資。

　　書中第一章有提到，投資人可以概略分為價值型與趨勢型兩類，價值型投資人依據基本面變化做決策，趨勢型投資人基於事件變化做決策。但這兩類投資人很多在買入股票之前做得很好，一旦擁有股票，心態往往就變成了賭客，而賭客純粹基於對股價走勢的預測做決策，股價漲了還想要得到更多，該跑的時候捨不得跑；股價跌了就想要回本，該砍的時候捨不得砍，最終就是徒勞無功。

　　這就是大家常說的，買進之前是一回事，買進之後又是另一回事。因為買進之後影響我們看法的因素太多，包含周圍人的觀點、股價的走勢、聽到的小道消息等，投資人必須察覺心態上發生的變化，才能夠予以修正。

❷ 幾種常見的心理謬誤

　　定錨效應、忌妒心理、排斥反駁性證據、這次不一樣、展望理論、群眾效應是常見的心理謬誤，這些現象普遍存在於日常生活當中。儘管這些特徵在生活中感受並不強烈，但是在投資活動中卻會造成重大的影響，如果不加以留意，結果就是這些錯誤頻繁發生。

▪ 定錨效應：城市老鼠與鄉下老鼠

　　根據維基百科定義，定錨效應（anchoring）指人類在進行決策時，

會過度偏重先前取得的資訊，即使這個資訊與這項決定無關，而這個資訊就是錨點。人類傾向於利用片斷資訊做決定，以此為基準做逐步修正；也容易過度利用錨點，解釋其他訊息，當錨點與事實有落差的時候，就會出現當局者迷的情況。

生活中的例子，例如很多店家會把產品標價拉高（錨點）再打 3 折，讓消費者產生撿便宜的感覺；星巴克用昂貴的進口礦泉水（錨點）讓咖啡顯得不那麼昂貴；買房子的時候，買賣雙方會根據屋主開的價格（錨點）進行來回議價；當鄉下老鼠離開家鄉（錨點），受邀到城市旅行的時候，感覺城市很繁榮。

在投資人潛意識中，最常把買進成本當作參考點（錨點），即使發現買進的邏輯錯了，仍會希望等股價回到買進價格再賣出。但投資人應該以當下的基本面為依據，基本面大幅超預期的股票會越漲越便宜，反之會越跌越貴。是否應該賣出取決於股票的質量、估值與時機，股票的投資價值與買入成本無關，與當下的基本面變化有關，以多少錢買入並不會影響股價未來走勢，帳面是否虧損不應該成為賣出的決策依據。

而投資中的錨點不只有買進價格，還包含前波價格高點、歷史估值區間等，在使用錨點的時候須注意合理性。例如，本益比歷史區間對於穩定成長股、高股息股具有參考意義；但是對於成長股或小型股意義就不大，因為這些公司的基本面處於高速成長，估值區間往往會跟著抬升。

• 忌妒心理：沒有比較，沒有傷害

在投資中，多數人很難接受其他人賺的比自己多，即使表現已經比基準指數好，但看到周圍的人賺更多錢，並不會感到快樂。同樣的，

當周圍的人賠更多錢時，儘管自己表現比基準指數要差，也會感到安慰。當投資不與他人比較，往往能回歸投資的本質；而處處與人比較，很容易就會產生從眾效應。例如 2021 年如果身邊出現幾個航海王的朋友，就算投資人對於航運股持有不同的想法，最後也可能無法眼睜睜看著別人賺大錢，受不了內心煎熬而買入。

這是為什麼投資時應該越簡單越好，只跟基準指數比較，或者只要達到財務目標就行。但投資時，很多人想著無時無刻都要第一名，這也是為什麼同類型的基金，到頭來大家的核心持股內容都差不多，因為每個月、每季度、每年都需要和同業做比較，表現不好的基金會被檢討，基金經理需要承受巨大的心理壓力。

當基金經理表現得與眾不同時，一旦組合表現得更好，所有人都會說你牛逼，但在表現不好時，就變成了傻逼。當跟隨大家買進類似的投資組合，組合表現好的時候，大家會說你很有眼光；組合表現不好的時候，也只會聳聳肩說大家都一樣。因此，當短期相對表現較差的時候，保持長期信念是非常困難的。

▪ 排斥反駁證據：道不同，不相為謀

多數人在下好離手之前，比較容易保持客觀，一旦付諸行動，保持客觀就不是一件容易的事。為自己的行為辯護是人之常情，因為沒有人喜歡被打臉，何況是自己打自己。因此，在買進一檔股票之後，會很自然地留意正面的訊息與觀點，對於負面訊息，會試著用正面的角度思考，甚至輕描淡寫。最終支持買進的任何觀點，都會被過度放大；而支持賣出的任何證據，卻被刻意忽視。

投資人需要培養獨立思考的習慣，對於新出現的事件保持客觀的態度。如果買進的公司出現負面消息，試著站在反方立場去評斷利空

訊息，如果我是放空的投資人，我會不會想要繼續加碼放空？或者，如果我是空手的投資人，我還會選擇這時候建倉嗎？透過這種方式，很多時候投資人會得到不同的答案，或者說是內心真實的聲音。

投資的過程中需要大量的懷疑，即使對於很看好的公司，也要能夠保持客觀懷疑。缺乏懷疑心態會導致偏見，提高投資損失的機率。舉例來說，2020 年底開始，中國當局對於互聯網反壟斷的聲音開始增加，主要針對互聯網巨頭依靠壟斷優勢，進行不正當競爭、損害消費者權益。

借鏡海外反壟斷經驗，通常會促使這些龍頭公司增加費用投入，提供消費者更好、更創新的服務來維持領先優勢，而其他競爭對手因為資金及資源不如龍頭廠商，其結局是龍頭的市占率反而更為集中，應該要逢低買進。但在中國市場，還要考量中西方政治與文化上的差異，反壟斷背後更深層的原因，在於這些巨頭影響力已經超過政府的控制能力，因此收緊的力度與時間可能高於預期，如果沒有保持懷疑的態度，就會落入越跌越買的價值陷阱中。

人最擅長的就是自欺欺人，因為我們總是對自己的判斷深信不疑，巴菲特的搭檔蒙格有一句話說得很好，「如果不能夠反駁自己的觀點，就不配擁有它。」跟公司單獨交流的時候，管理層回答公司的競爭優勢往往表現得比回答劣勢更自然；跟券商的分析師交流也是一樣，比如看半導體的分析師，儘管行業進入基本面修正，分析師還是可以找出看好的理由和結論；比如投資美國地區的經理人，往往看好美股的程度更甚於其他市場。

• 均數不回歸：這次難道又不一樣了嗎？

通常發生於周期的極端情況，當市場極度悲觀的時候，投資人往

往認為事情只會更壞，投入股市是這輩子最後悔的決定，認為股價會一路跌到一文不值。當市場極度樂觀的時候，投資人卻又認為明天會更好，投入股市是這輩子最正確的決定。當外在條件走向極端，最後的結果就是受不了心理壓力、拋棄常識，在最後階段投降並跟風市場。

均數回歸是規律，任何走向極端的現象終究會回歸均值。這就是為什麼當估值上漲（下跌）到不可思議的時候，投資人的正確姿勢，應該要賣出（買進）股票，而多數人的做法卻正好相反。2021 年的航運股、2022 年的半導體都有類似的現象，航運股受到疫後商品需求及供應鏈混亂影響，帶動航運價格持續飆高。投資人認為目前市場運力緊張、新船加入需要時間，加上公司持續釋放利多，因此判斷運價只有一個方向，就是上漲。

這次不一樣，是每個大周期波動中最常重複出現的觀點，產生的代價往往也很巨大。人類習慣將短期的事情長期化，看到某家公司業績連續幾個季度都超乎預期，就認為未來也會保持高成長；看到美國聯準會持續升息導致市場一跌再跌，就會產生恐慌，認為成長股會跌到一文不值。

但是太陽底下沒有新鮮事，金融周期中很多類似的事情總是一再重複，例如 2000 年的科技股、2008 年的房地產、2022 年的軟體股，都是資產價格泡沫一再重複的例子。人類對於近期發生的事情總是過度解讀，但對於遠期發生過的事情卻輕描淡寫；再加上每隔幾年總會有一批又一批新的投資人進入市場，而這些人沒有經歷過市場砲火的洗禮，常常在最該謹慎的時候，展現出無比樂觀的勇氣，沒見過均數回歸威力的投資人，總認為這個現象不曾存在。

▪ 展望理論：一鳥在手，勝過於二鳥在林

人類面對收益及風險態度是不一樣的，習慣追求確定性的收益，並在面對損失的時候，表現出明顯損失趨避的傾向。

1979 年，提出該理論的心理學家 Kahneman 和 Tversky 設計 2 個經典實驗，需要在 A 與 B 中做選擇：

情境 1：面對收益

A：50％的機率得到 1,000 元，50％的機率什麼都沒得到。

B：100％的機率可以得到 500 元。

情境 2：面對損失

A：50％的機率損失 1,000 元，50％的機率沒有損失。

B：100％的機率損失 500 元。

多數人在情境 1 中會選擇 B，也就是確定得到 500 元；並在情境 2 中選擇 A，也就是 50％的機率損失 1,000 元，50％的機率沒有損失。如果讀者夠細心，就會發現情境 1 的期望值，A 跟 B 都是得到 500 元；而情境 2 的期望值都是損失 500 元。面對相同期望值的兩個選項，理性的人會發現選擇 A 跟 B 都沒有差別，但多數人卻不是這樣。這是因為投資人厭惡虧損，因此在情境 1 時，選擇 A 有可能什麼都沒有得到，而情境 2 時，選擇 A 表示至少有機會不會損失。

如果應用在投資中，很多人常常會賣掉帳面上賺錢的股票，因為大家都有過可以賺錢的股票又跌下來，因此傾向於落袋為安。但是面對帳面虧損的股票總是緊抱不放，期望哪天市場會突然出現大反彈來解套。長期下來，投資組合中只會有兩種股票，除了少數幾檔報酬率不高的股票，剩下的都是帳面上大虧的股票。

▪ 過度自信：All in，哪次不 All in

　　如果說，在投資中必須提防許多事情，最重要的就是提防自己。當投資人買什麼都賺錢的時候，就會變得過度自信，對於自己的買賣決定很有把握，頻繁換股，甚至開槓桿來加快賺錢的速度，對於自己可以一秒鐘輸贏幾十萬、上百萬感到自豪。

　　正常的決策流程是先研究而後產生結論，但牛市的時候，多數人會反著來，因為賺錢太容易，片刻耽擱不得，常常先買進之後再找理由，甚至不需要理由。在投資的過程中，即時察覺自己的情緒偏差並予以修正，是必要且困難的事，能控制情緒弱點的投資人，長期表現通常會更好。

　　在景氣熱絡時期，走勢最強勁的股票可以帶來最好的收益，加上多頭時期買股票賺錢的機率高，就容易讓人覺得自己無所不能，過度的自信使投資決策變得輕率。最終，只要股價多頭排列、短期走勢強勁就行，以往在股價低估時買入，變成任何股價都可以買入，因為他們相信，股價的上漲會吸引更多人追高買入，誰也不認為自己會這麼倒楣，追在最高點。

　　而即使投資人意識到該檔股票估值已經高得離譜，在獲利了結之後，還是會買進下一檔走勢強勁的個股。而當市場位階越墊越高時，意味著場內已經沒有便宜貨，投資人新買的股票估值依然高得嚇人。除此之外，也會天真地認為只要持股夠分散，風險就會降低；但一群高風險的股票聚在一起，唯一不變的還是高風險。這種擊鼓傳花的遊戲，讓高報酬建立在更高的風險上。

　　因此，巨大的虧損往往源自於心理偏差，對自己過於自信，買入品質存在重大瑕疵的公司，就像用高市值營收比買進鉅額虧損的公

司，因為營收增速夠快、產品夠吸引眼球。這在投資心理學中叫做倖存者偏差，意思是，大多數鉅額虧損的公司到頭來還是鉅額虧損，很少會有麻雀變鳳凰，當我們看到少數成功的例子，潛意識往往會高估成功的機率。

> 市值營收比＝市值／營收，一般用於衡量虧損企業的估值

過度自信是貪婪的來源，當兩者結合在一起，就會把小心謹慎、理性判斷、錯誤經驗、賠錢的感覺拋諸腦後，然後輕率地做出買賣決策；而過度自信通常會附加高槓桿操作，當投資人面對預期外的市場波動、更長的持續時間，就會大幅提高倒在黎明前的機率，例如前面章節提到的 Archegos 基金。

❸ 克服人性的方法

當我們明白情緒及偏見在投資過程中扮演的角色之後，這個章節提出幾種方法來應對這些偏差，包含第二層次思考、為投資做紀錄、嚴格的紀律。如果能在投資過程中發揮提醒的作用，那就能在當下帶來更多的反思，或許做法會不一樣。

▪ 第二層次思考／換位思考

一般來說，當我們面對問題的時候，第一層次思考占了大多數，這類思考是大腦總結過去經驗的累積，看到特定現象產生反射動作，例如聞到燒焦味就聯想到火警，這些反射動作，讓我們在生活中可以輕鬆應對各種突發情況，提高生存機率。而第二層次思考應用的頻率就低得多，這類思考多發生在處理複雜的事情，例如學習一項技能、思考一個問題解決方法，需要花比較多時間去處理問題的細節，大量

占用腦部運作區域。如果生活中大小事情都是第二層次思考，那大腦可能會當機。

第一層次思考與第二層次思考在投資中的應用呢？

第一層次思考最常見的是技術分析，牛市的時候，股價多頭排列、量價齊升、KD 指標交叉向上等，投資人在每檔股票價格走勢中，歸納出股價上漲的諸多特徵，並以此為買進依據。而這種方法假設股價走勢都有慣性，強者恆強、弱者仍弱，這種思維模式必須先看到觸發條件，也就是多頭的型態出現後才會買進，因此買進時通常股價已經上漲一段時間，具有一定漲幅；賣出也是等到確認空頭型態出現，因此賣出時股價多半已經下跌一段時間，且有相當的跌幅。造成股價上漲的時候半路追高，下跌的時候半路賣出，變成典型的追高殺低。

第二層次思考更像是基本面分析，牛市初期基本面好轉帶動股價上升，投資人確認基本面拐點後買進，但是當股價持續走高，與基本面脫鉤的時候，會思考公司是不是真的如同市場認為的這麼好？例如太陽能族群的公司，長期受惠於全球碳中和趨勢，歐美、中國等主要經濟體大規模建設支出，確認了行業需求端高成長，各環節公司因為市場供不應求開啟大幅擴產，新產能投放會帶動營收跟利潤快速上升。因此滲透率初期的高成長可以消化高估值，如果買進成長與估值相匹配的龍頭，安全邊際也高。

但隨著越來越多公司大幅投產，新產能增加的速度遠遠超過預估需求，加上股價連番大漲後的估值更高，意味未來需要用更高利潤增速，才能消化高估值；但供需格局反轉之下，價格競爭將導致毛利率受損，未來利潤超預期的可能性很低。因此即使目前股價表現很強勢，但已經透支未來預期，往後股價下跌的風險很高，此時反而應該要賣

出而不是買進。

第一層次思維的模型，看到業績優於預期，認為股價就應該上漲；第二層次思維的模型會接者問，業績優於預期的原因是什麼？未來是否具有可持續性？公司潛在的風險是什麼？如果風險發生，估值是否具有安全邊際？有哪些基本面因素還沒有反映在股價表現上？管理層對未來展望的表述是否過於樂觀？如何確保我的觀點是對的？

在周期中的多數時候，第一層次思維與第二層次思維的結論是相同的，也就是股價的漲跌趨勢是合理的；但當事情逐漸發展到極端的時候，兩者的分歧會開始顯現並擴大，這是第二層次思維最具有價值的時候，也就是正確的、非共識性的預測。

總之，三思而後行。

▪ 為投資做紀錄

後見之明是股市中常見的行為偏誤，指投資人會根據後續的股價走勢合理化當初買賣的理由。例如，投資人買進股票賺了錢，但買進理由與股價真正上漲的原因並不同，就默默拋棄先前的想法，催眠自己本來就知道上漲的原因，早知道當初就應該多買一點。又或者買進之後賠了錢，就覺得其實當初已經注意到這個利空，不應該買進。

這些都是典型的「早知道我就如何如何」，就像小時候寫試題卷，看到寫錯題目的正確答案時，常常會認為自己早就懂了，只是不小心寫錯；但真實的情況是，考試當下根本不知道答案是什麼。這種偏誤會讓投資人總在今天想著昨天應該做的事。

克服後見之明最好的方式就是事前記錄，記錄每一檔股票買賣的核心理由，只有這些觀點與結果發生的真實原因相吻合，才算是做了

正確的決策，除此之外就是運氣。當我們檢討投資組合的時候，不應以結果為出發點，不是帳面虧損就表示買進決策是錯誤的，也不是帳面賺錢就表示當初買進的決策是對的，投資決策的過程與質量遠比投資的結果更重要。

記錄投資中的錯誤是總結過去經驗很重要的一環，但投資環境是動態的，意味投資人在總結經驗的同時，應該要抬頭看看前方，避免看著後照鏡開車。當績效落後於基準指數時，常見的檢討方式是，因為低配的行業上漲、超配的行業下跌，導致績效落後。但是然後呢？過分重視過去的股價軌跡、行情表現，就會不停落在市場後面追逐主流股，尤其是區間震盪、類股快速輪動的行情。此時投資人應該思考接下來如何配置最有利，又或者基於長期買進理由持有的股票，只要是非基本面因素影響導致股價下跌，就應該堅守。

▪ 嚴格的紀律

投資總是知易行難，市場不理性的時間常超過投資人的耐性，嚴格的紀律可以在關鍵時候避免滅頂。

嚴格紀律的前提是要承認錯誤。就如同很少人認為自己開車技術不好，但上路以來從未發生事故的人並不多；投資人要承認自己看錯也很難，最常聽到的都是分享賺錢的經驗，而不是慘痛的教訓。如果不能坦然面對錯誤，總是歸咎於運氣不好，那就不可能遵守紀律。

承認錯誤之後要總結經驗。避免後見之明偏誤，養成做交易紀錄的習慣，寫下買進或賣出的理由，這麼做也可以強迫自己三思而後行，增加第二層次思考的機會，並從中總結失誤的經驗，列入投資檢查清單，就會減少在同一個地方反覆跌倒的機率。

最後，就是嚴格執行紀律。如果假定買入之後下跌 10％就要停

損，最好買進時就先設好停損單，這樣就可以避免情緒影響。很多人在股價跌到 9％時，就準備要賣出，但最終跌到 11％的時候還沒有賣出，想著股價如果反彈一下就不用賣了，結果就是越跌越多。

我們身處在多變的環境中，不需要參與所有看似有利可圖的機會，也不要無時無刻都想著戰勝市場，但當投資機會落在我們能力圈的時候，一定要做得比市場更好。謹慎挑選競爭優勢穩固的個股，避免落入成長與價值陷阱中；買進的時候注重安全邊際，不要為基本面付出過高的價格，低估值、高質量公司是投資人長期的朋友。最重要的是，承認自己不可能知道所有事，分批買入、控制倉位，謹慎使用或是不用槓桿，就能夠在市場中活得更久、更快樂。

台灣廣廈 國際出版集團
Taiwan Mansion International Group

國家圖書館出版品預行編目（CIP）資料

全方位投資系統：學會基金經理人的操盤法，建立大局觀，少輸
就會贏 / 叮噹哥 著，-- 初版. -- 新北市：財經傳訊, 2024.03
面；　　公分. --（view; 69）
ISBN 978-626-7197-56-1（平裝）
1.CST：投資　2.CST：理財　3.CST：股票

563　　　　　　　　　　　　　　　　　　　113001397

財經傳訊
TIME & MONEY

全方位投資系統：
學會基金經理人的操盤法，建立大局觀，少輸就會贏

作　　者／叮噹哥

編輯中心／第五編輯室
編 輯 長／方宗廉
封面設計／張天薪
製版・印刷・裝訂／東豪・紘憶・弼聖・秉成

行企研發中心總監／陳冠蒨
媒體公關組／陳柔兮
綜合業務組／何欣穎

線上學習中心總監／陳冠蒨
數位營運組／顏佑婷
企製開發組／江季珊、張哲剛

發 行 人／江媛珍
法律顧問／第一國際法律事務所 余淑杏律師・北辰著作權事務所 蕭雄淋律師
出　　版／台灣廣廈有聲圖書有限公司
　　　　　地址：新北市 235 中和區中山路二段 359 巷 7 號 2 樓
　　　　　電話：（886）2-2225-5777・傳真：（886）2-2225-8052

代理印務・全球總經銷／知遠文化事業有限公司
　　　　　地址：新北市 222 深坑區北深路三段 155 巷 25 號 5 樓
　　　　　電話：（886）2-2664-8800・傳真：（886）2-2664-8801
郵 政 劃 撥／劃撥帳號：18836722
　　　　　劃撥戶名：知遠文化事業有限公司（※ 單次購書金額未達 1000 元，請另付 70 元郵資。）

■ 出版日期：2024 年 3 月
ISBN：978-626-7197-56-1